Erol Sander

POLYGLOTT

Die Blaue Moschee: Vorbild osmanischer Baukunst, mit erstmals sechs Minaretten

In den Gassen von Cihangir, einem Viertel der Künstler und Intellektuellenszene

Der Duft meines Lebens

Byzantion oder Byzantium, Byzanz, Konstantinopel, Stambul, Istanbul. Viele Namen einer Stadt, deren Wurzeln bis in die Zeit um 650 v. Chr. reichen. 2700 Jahre bewegte Geschichte. Fast drei Jahrtausende, in denen gelebt und geliebt, gebaut und gehandelt, erobert und geplündert wurde.

Bei meinen Spaziergängen und Ausflügen immer dabei: meine Kamera

Schon immer war Istanbul dank seiner günstigen Lage ein Zentrum des Handels, ein riesiger Marktplatz, auf dem Menschen aller Kulturen zusammenkamen und es noch immer tun. Offiziell leben hier mehr als 16 Millionen Menschen, dazu kommen jährlich noch einmal genau so viele Touristen aus aller Welt. Sie bestaunen die Kunstschätze aus byzantinischer und osmanischer Zeit, die prachtvollen Paläste und Moscheen, erbaut von genialen Baumeistern wie dem osmanischen Architekten Sinan oder wollen auch nur das Flair dieser atemberaubenden Stadt am Bosporus atmen.

In der historischen Altstadt herrscht ein quirliges Treiben, ein einziges Kommen und Gehen. Dass ständig Musik in der Luft liegt, dafür sorgen die vielen Straßenmusiker, von denen einige unglaublich talentiert sind. An jeder Ecke duftet es nach Köstlichkeiten der türkischen Küche. Das dramatische Schauspiel der glutroten

Sonnenuntergänge im Sommer am Bosporus, vom Duft des Meeres würzig untermalt, raubt mir jedes Mal wieder den Atem. Möwen, die im Sonnenlicht zwischen den Schiffen leichtfüßig hin und her tänzeln, sind beinahe so etwas wie ein Markenzeichen. Dies ist meine Geburtsstadt, deren jahrtausendealte Kultur ich zwar in meiner Kindheit kennengelernt habe, vor allem aber durch die Dreharbeiten zur TV-Reihe »Mordkommission Istanbul« vertiefen durfte, wofür ich unendlich dankbar bin. In diesem Buch möchte ich Sie durch die geheimen Ecken dieser mystischen Stadt und zu verborgenen Schätzen führen. »Der Wanderer muss nicht nur den Weg, sondern auch den Horizont dahinter sehen«, hat Kemal Atatürk, der Begründer der Republik Türkei, einmal gesagt. Ein Zitat, das trefflich zur Erkundung meiner Geburtststadt passt, in der sich so viele Gegensätze vereinen: eine Stadt, die Lebensfreude und zugleich Melancholie versprüht, in der hart arbeitende Menschen neben wohlhabenden Geschäftsleuten leben, und die so reich an Geschichte ist wie kaum eine andere Stadt.

Wenn ich vom Duft meines Lebens spreche, dann meine ich damit all die Gerüche meiner Kindheit, die ich auf immer und ewig in meinem Innersten gespeichert habe: der Duft von frisch gebackenem Brot, wenn ich morgens an einer Bäckerei vorbeilaufe, das unwiderstehliche Aroma von gegrilltem Gemüse und einem deftigen türkischen Gericht wie es mittags aus den unzähligen Restaurants aufsteigt. Und nicht zuletzt der in der Luft liegende Duft von Gewürzen oder von aromatischen Kräutern wie frischer Minze, die in der türkischen Küche eine große Rolle spielen. Alle diese Düfte wecken die Erinnerung an meine Kindheit und die schönen Zeiten, die ich viele Jahre später in Istanbul erleben durfte.

Herzlich,
Ihr

Meine Lieblingsplätze in Istanbul

Pulsierende Ader in der Altstadt: Istiklal Caddesi

Vom Galataturm lässt sich die ganze Stadt überblicken.

Ein Einkaufserlebnis, das alle Sinne weckt: der Große Basar

Cisterna Basilica: Highlight im Untergrund der Metropole

1001 Nacht lässt grüßen: die Blaue Moschee

Sappho-Büste im Archäologischen Museum, einer gigantischen Fundgrube der Antike

Sonnenuntergang am Bosporus bei Üsküdar

Mit dem Boot oder der Fähre lassen sich viele Sehenswürdigkeiten vom Wasser aus bequem erkunden.

Das Blau der Kuppeln der Sokollu-Mehmed-Pascha-Moschee im Stadtteil Fatih wetteifert mit dem Blau des Meers am Goldenen Horn.

Mein Istanbul

Ein historisches Kleinod: die rote »nostalgische Trambahn«

1

Durch Sirkeci über die Istiklal zum Taksim-Platz

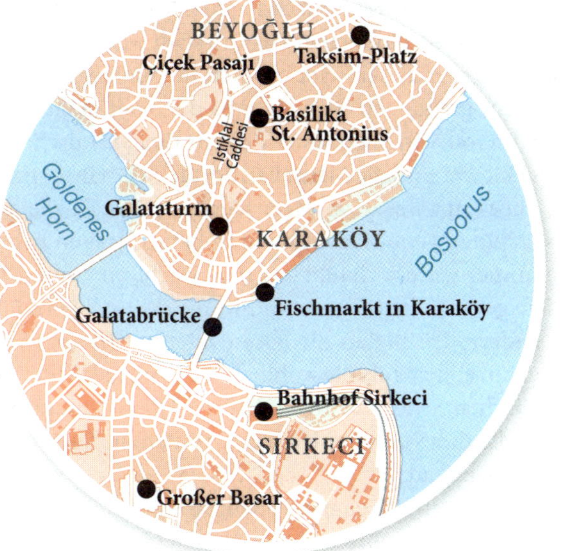

Stadt der Superlative,
magisch und majestätisch,
sinnlich und opulent

Zwischen 1001 Nacht und Großstadtrausch

An Deck der großen Fähre, die mich von Kadıköy über den Bosporus nach Karaköy bringt, stehe ich, die Augen geschlossen, atme die frische Meeresbrise tief ein, höre das Kreischen der Möwen und die Wellen, die gegen den Schiffsbug peitschen.

Nun öffne ich meine Augen: Vor mir breitet sich die atemberaubende Skyline von Istanbul aus. Bei diesem Anblick kann ich regelrecht spüren, wie die Glückshormone durch meinen Körper purzeln und wie die Vorfreude auf die Zeit in meiner Geburtsstadt wächst. Istanbul ist auch für mich, der ich in dieser Stadt geboren bin, immer noch ein einziges Abenteuer. Ausgrabungen belegen, dass die Stadt lange vor ihrer Zeit als Byzantium (oder Byzanz), einer Kolonie unter römischer Herrschaft, dicht besiedelt war und die Menschen dort früh um ihre strategisch einzigartige Lage am Schwarzen Meer wussten. Damals wie heute: Diese Stadt besitzt eine eigene Magie. Durch Istanbuls Straßen zu bummeln ist für mich immer wie ein Gefühl aus 1001 Nacht und purem Großstadtrausch. Die gemütlichen Szene- und Künstlerviertel vermitteln wieder ein ganz anderes Feeling als die Basare oder die Touristenattraktionen und wieder ein anderes als die wohlhabende Gegend weiter nördlich auf der europäischen Seite. Doch gerade dieses Reinschnuppern, das Eintauchen in alle diese unterschiedlichen Welten und deren Flair, macht den Trip so spannend.

Wir legen an in Sirkeci, einem trubeligen Stadtteil im geschichtsträchtigen Hafenviertel Eminönü westlich des Goldenen Horns. Gegründet wurde er bereits im 7. Jh. v. Chr., als die Stadt den Namen Byzantium trug. Am Ufer des Bosporus gelegen, ist Sirkeci die einzige Anlegestelle der großen Autofähre. Täglich passieren unzählige unterschiedliche Schiffe und Fähren den Bosporus, von denen viele hier Halt machen. Es ist also ordentlich was los, vor allem tagsüber. Seit frühester Jugend kenne ich diese Straßen und habe die Entwicklung des Viertels seit rund 50 Jahren miterlebt. An Sirkeci erinnere ich mich noch gut aus dieser

»I'm singing in the rain«: Und glauben Sie mir, in Istanbul kann es heftig regnen!

Zeit, da mein Onkel in diesem Marktviertel einen Maschinenvertrieb leitete. Damals ging es hier viel hektischer und unstrukturierter zu. Mir fällt auf, dass heute nicht mehr ein solches Durcheinander herrscht wie früher. Vieles wurde saniert, was sich beim Spaziergang durch das Hafenviertel angenehm bemerkbar macht.

Treffpunkt Orient Express

Der erste Ort, den Sie sich hier unbedingt ansehen sollten, ist der alte Bahnhof der Endstation des »Orient Express«, heute der Bahnhof Sirkeci. Dieser wunderschöne historische Bahnhof wurde 1888 erbaut. Er befindet sich zum größten Teil noch im Originalzustand und beherbergt ein reizendes Café-Restaurant, das früher einmal ein beliebter Treff für Menschen der Medienwelt war. Außerdem gibt es noch ein kleines Eisenbahnmuseum (Eintritt frei), in dem man Originalexponate – z. B. die alte Bahnhofsuhr – sowie Bilder und Zeitungsartikel aus der Ära, in der der Bahnhof noch in Betrieb war (bis 2013) bestaunen kann. Ein schöner und ruhiger Ort, der mit seinen farbenprächtigen Fenstern im Baustil des europäischen Orientalismus ein echter Blickfang ist.

HÄTTEN SIE'S GEWUSST?

Bahnhof Sirkeci

… dass der Erbauer des Bahnhofs August Jasmund hieß, von der Insel Rügen stammte und ein preußischer Baubeamter war? Eine Forschungsreise hatte den jungen Architekten im Januar 1888 in die Türkei geführt, um die byzantinische und osmanische Architektur zu studieren. Dort stand er von 1890 bis 1907 im Dienst des Osmanischen Reichs. In Deutschland ist der Architekt nahezu unbekannt.

Im Reich der Sinne

Nachdem ich mir im Bahnhofs-Café einen kleinen Snack gegönnt habe, geht es weiter zum Großen Basar (oder Geschlossenen Basar), dem Kapalı Çarşı auf der anderen Straßenseite. Von Gewürzen und Süßigkeiten über Teppiche, Lampen bin hin zu Accessoires und Schmuck gibt es auf diesem Basar alles, was man sich nur erträumen kann. Wer ein Mitbringsel sucht, ist hier am richtigen Ort. Allerdings sollte man gut auf seine Taschen achten und möglichst auch im Verhandeln geübt sein, denn die Verkäufer beginnen gerne mit viel zu hoch gegriffenen Preisen. Meine Partnerin Rebecca, die mich auf der Reise begleitet, ist schon an einem Stand mit verschiedenen Teesorten stehen geblieben. Der Verkäufer möchte für ein kleines Päckchen Tee umgerechnet 34 Euro haben. Als ich ihm einen Preis von 15 Euro nenne, stockt er kurz und geht grummelnd auf 25 Euro runter. Am Ende bekommen wir den Tee für 20 Euro, was meiner Meinung nach auch noch ein stolzer Preis ist, aber meine Freundin ist glücklich, und der Tee ist wirklich gut. Nach einem ausgiebigen Bummel durch diesen riesigen Basar, der auf einer Fläche von 31 000 qm rund 4000 Stände und Geschäfte umfasst, schlagen wir einen großen Bogen und kommen auf der anderen Seite an einem der vielen Ausgänge wieder heraus. Der Kapalı Çarşı befindet sich innerhalb eines historischen alten Gemäuers, das aus bis zu 500 Jahre alten Mauerstücken besteht. Der Markt wurde bereits um das Jahr 1461 von Sultan Mehmet Fatih gebaut, um die Wirtschaft im alten Konstantinopel – wie die Stadt zu dieser Zeit bis 1930 hieß – anzukurbeln. Im Zentrum des Areals, der sogenannten Tuchhalle (»Eski Bedesten«), wurden alle später auf dem Markt feilgebotenen Kostbarkeiten gelagert. Dort befanden sich auch die Herbergen für die Händler, die aus der ganzen Welt angereist waren, um hier entweder Ware zu kaufen oder zu verkaufen. Der Große Basar war eines der größten Handelszentren der Welt, wo man alles bekommen konnte, was das Herz begehrte.

Der Ägyptische Gewürzbasar: ein Meer der Farben und Aromen

Um mir dieses eindrucksvolle, alte Gemäuer, auf dessen Dächern ich mir zu Zeiten als Kommissar Özakin der »Mordkommission Istanbul«

eine wilde Verfolgungsjagd geliefert habe, noch einmal zu Gemüte zu führen, gehe ich durch ein großes altes Tor, folge ein paar Gassen und stoße dabei auf ein entzückendes kleines Rooftop-Café am Ende eines burgähnlichen alten Steingangs: das Café Büyük Valide Han. Dort nehme ich einen köstlichen türkischen Mokka zu mir und genieße das Ambiente. Umgeben von nostalgischem Mobiliar und allerlei Vintage-Utensilien fühlt man sich zurückversetzt in die goldenen 1930er-Jahre. Durch ein großes Balkonfenster lasse ich den Blick über die Dächer von Istanbul schweifen und lehne mich entspannt zurück. Wer ein Faible für alte Bilder, Taschen oder Retro-Kleidung hat, wird sich hier sehr wohl fühlen. Zurück geht es wieder durch den alten Mauergang. Es fühlt sich an, als würde man durch eine alte Burg laufen. In den Räumen links und rechts des Gangs wurde früher (und auch heute) viel hergestellt, was auf dem Basar zum Kauf angeboten wird. Ich kann einen kurzen Blick in einen Arbeitsraum erhaschen, in dem gerade Gefäße aus Messing gefertigt werden.

So schön und nahezu alles original: die Wartehalle des Bahnhofs Sirkeci

Nach diesem interessanten kleinen Abstecher geht es rasch weiter. Denn ich möchte heute noch über die Istiklal bummeln, die große Shoppingstraße. Auf dem Weg dorthin gibt es allerdings noch einiges zu entdecken. Also los. Um in Richtung Istiklal zu kommen, passiere ich die große Galatabrücke, die Galata Köprüsü, wo sich am linken Ufer ein Fischrestaurant ans andere reiht und auf der Brücke sich die obligatorischen Hobbyangler tummeln.

In Karaköy angekommen führt der Weg direkt über den Fischmarkt. Wer gerne Fisch isst und zubereitet, kommt hier garantiert auf seine Kosten. Bei diesem Anblick meldet sich so langsam auch bei mir der Appetit. Doch Hunger muss man in Istanbul nun wirklich nicht leiden. Der Ernährung kommt im ganzen Land ein enormer Stellenwert zu. Gutes Essen gibt es beinahe an jeder Ecke, und davon reichlich und zu erschwinglichen Preisen. Nun geht es in eins meiner Lieblingsrestaurants, das ich während der »Mordkommission Istanbul«-Drehs häufig besucht habe: das Köşkeroğlu. Seine kulinarischen Wurzeln liegen in Gaziantep, einer Stadt, aus der viele traditionelle türkische Gerichte stammen und deren Küche sogar von der UNESCO ausgezeichnet wurde. Die Stadt in Südostanatolien ist vor allem für das Gebäck »baklava« und »lahmacun« – ein dünnes Fladenbrot, belegt mit einer Mischung aus Hackfleisch, Tomaten, Zwiebeln und Gewürzen – berühmt.

Viele reiche Menschen aus den Arabischen Emiraten lassen sich mit ihren Privatjets sogar Baklava aus Gaziantep einfliegen.

Ich jedenfalls freue mich jetzt, ohne großen Aufwand eine gute Mahlzeit zu mir zu nehmen, die auf den Rezepten aus dieser Gegend basiert. Ich bestelle »lahmacun«, »patlican« (Auberginenpaste), dazu »ayran«, ein Getränk aus Joghurt, Wasser und Salz, und eine kräftige Hühnersuppe. »Afiyet olsun!« (Guten Appetit!)

Überwältigend: Einkaufsmeile Istiklal

Um meinem Ziel, der Istiklal, näherzukommen, nehme ich von der Station IETT Genel Müdürlüğü die zweitälteste U-Bahn der Welt, um nach Beyoğlu, zum Anfang der Istiklal, zu gelangen. Ein Tipp für Besucher: Besorgen Sie sich gleich zu Beginn Ihrer Reise bei der Touristeninformation den Istanbul Tourist Pass. Damit können Sie sich mit allen öffentlichen Verkehrsmitteln fortbewegen (auch mit Tram und U-Bahn), erhalten Vergünstigungen für viele Museen und andere Sehenswürdigkeiten und ersparen sich obendrein lange Warteschlangen. An allen Stationen findet man Automaten, an denen man diesen Pass mit Geld wiederaufladen kann. Er ist oftmals das einzige Zahlungsmittel für öffentliche Verkehrsmittel.

An der Station Beyoğlu angekommen, geht es direkt auf die Istiklal. Diese Straße ist einfach unbeschreiblich. Neben einer Vielfalt von Geschäften befanden sich hier früher und auch heute noch verschiedene Botschaften, die neogotische Basilika St. Antonius – eine römisch-katholische Kirche – und sogar ein Gymnasium, das mein Vater einst besucht hat. Ganz in der Nähe der Istiklal ragt auch das Pera Palace Hotel in den Himmel, dessen Geschichte ich in Kapitel 6 (s. S. 106) erzähle. Die Historie dieser Gegend spiegelt sich in vielen prachtvollen Gebäuden wider. Heute zählt die Istiklal Caddesi zu den größten und bekanntesten Shoppingmeilen Istanbuls. Läden, in denen sich die Süßwaren türmen, Cafés und Restaurants reihen sich aneinander. Große Shoppingmalls mit Geschäften für Markenbekleidung wechseln mit individuellen Shops und kleinen Märkten ab, die Katakomben ähneln, in denen auch gefälschte Markenartikel wie Designerkleidung, Handtaschen, Sonnenbrillen oder Uhren angepriesen werden. Derlei Plagiate dürfen übrigens von Urlaubern bis zu einem bestimmten Warenwert (zwischen 300 und 430 Euro) nach Deutschland eingeführt werden. Besucher bekommen hier jedenfalls einen kunterbunten, unermesslichen Mix an allerlei skurrilen Dingen und zugleich eine Reise durch die türkische Küche geboten.

Potpourri der Speisen

Riesig ist auch das Angebot an kleinen Frühstückslokalen und Restaurants mit Speisen aller Art. Die Çiçek Pasajı (»Blumenpassage«) ganz am Anfang der Istiklal ist eine historische und sehr berühmte Passage, in der mehrere empfehlenswerte Restaurants und Bars zur Einkehr einladen. Wem der Sinn eher nach etwas Süßem steht, sollte die Istiklal etwas weiter runtergehen, dort findet er in einer Seitenstraße die kleine Konditorei Inçi Pastanesi, wo man zum traditionellen »çay« (Tee) köstliche Profiterols naschen kann. Ein klassisch türkisches Gebäck aus Brandteig, mit Sahne gefüllt und mit einer dunklen Schokoladenglasur überzogen, das man unter diesem Namen auch in Italien, in Frankreich hingegen als Éclair und in Deutschland als Windbeutel kennt. Der Eigentümer des Inçi hat ein Geheimrezept, mit dem er das originale Profiterol herstellt.

In der Konditorei Inçi Pastanesi wähnt man sich im Paradies der süßen Freuden.

Es zergeht regelrecht auf der Zunge, ist natürlich auch sehr gehaltvoll und kalorienreich, aber jeder Bissen eine Sünde wert.

Die Konditorei Inçi gibt es bereits seit 1944, damals noch auf der Istiklal-Straße gelegen, heute ist sie in einer Seitengasse der Istiklal zu finden. Ich kann mich noch gut erinnern, wie ich als kleiner Junge mit meiner Mutter hergekommen bin und an ihrem Rockzipfel hängend sehnsüchtig zu den Profiterols gespäht habe. Heute sehe ich voller Freude die leuchtenden Augen meiner Kinder, wenn wir ins Inçi kommen und sie sich auf ihre Extraportion mit viel Schokoladenüberzug freuen. Immer, wenn wir bei der »Mordkommission« in der Nähe gedreht haben, habe ich mir hier zwischendurch einen Energieschub geholt.

Heute bin ich aber noch vom Mittagessen satt. Deshalb starte ich erst einmal einen Shoppingbummel über die Istiklal und mache mich damit gleichzeitig auf den Weg zum Saray, einem erstklassigen Feinkostgeschäft mitten auf der Istiklal, wo man wunderbar frühstücken oder zu Mittag essen kann, aber auch sehr leckere Desserts bekommt. Immer wenn ich in Istanbul bin, komme ich mindestens einmal hierher. Während der Drehs zur »Mordkommission« habe ich in Beyoğlu gewohnt und war während dieser Zeit häufig im Saray zu Gast.

Fleischessern kann ich wärmstens den Döner Beyti empfehlen. Auch die »köfte« (Hackfleischbällchen) und das Rührei mit »sucuk« (eine gut gewürzte Rohwurst aus Rind- oder Lammfleisch) schmecken unglaublich gut. Da ich heute aber bereits etwas Herzhaftes hatte, freue ich mich nun wie ein kleines Kind auf meine absoluten Lieblingssüßspeisen: »keşkül«, »kazandibi« und »dondurma«. »Keşkül« ist ein Pudding auf Mandelbasis (ein Rezept von diesem Dessert, das man auch gut zusammen mit Kindern nachkochen kann, finden Sie im Kap. 6, S. 114). »Kazandibi« ist ebenfalls ein Milchpudding, der karamellisiert wird, und bei »Dondurma« handelt es sich um das typisch türkische Speiseeis, das auch auf der Straße von Eisverkäufern auf lustige Art und Weise mit einem langen Stab verkauft wird. Meistens ziehen sie während des »Kugeln in die Waffel drücken« eine witzige Show ab.

Nach diesem kleinen Festmahl der Süßspeisen jetzt noch einen »çay«, und ich bin der glücklichste Mensch der Welt.

Kunstvoll aufgetürmt und so verführerisch, dass Widerstand oft zwecklos ist

Ein weiteres kulinarisches Glanzlicht ist das Terrassenrestaurant Safran im 18. Stock des InterContinental Hotels mitten auf dem Taksim-Platz. Der 270-Grad-Blick über ganz Istanbul ist tagsüber und vor allem abends atemberaubend. Es lohnt sich, dort ein Abendessen zu sich zu nehmen oder einen Drink in der City Lights Bar nebenan.

Nach dem Besuch im Feinschmeckerparadies Saray bin ich satt und zufrieden. Und nun kommt für mich eine Premiere: Denn so lange und so oft ich auch in Istanbul war, eine Fahrt mit der nostalgischen Trambahn habe ich noch nie gemacht. Wir steigen am Ende der Istiklal, auf dem großen Taksim-Platz, ein und setzen uns auf die kleinen Holzklappstühle. Jetzt geht es die Istiklal wieder runter, an den ganzen Geschäften vorbei. Unten, an der Beyoğlu-Station angekommen, gibt es nun die Möglichkeit, zu Fuß Richtung Galataturm zu gehen. Mit diesem Turm verbinde ich eine besondere Kindheitserinnerung, weil mein Vater früher oft mit mir in das Restaurant, das sich einmal oben im Turm befunden hat, zum Essen gegangen ist.

Der Weg zum Galataturm ist gesäumt von kleinen Souvenirshops,

NICHT VERPASSEN

Mehr retro geht nicht!

Die »rote nostalgische Trambahn«, die auf ca. anderthalb Kilometern mit drei Haltestellen vom Tünel-Platz durch das Stadtzentrum und die Fußgängerzone (Istiklal Caddesi) zum Taksim-Platz zuckelt, ist vermutlich das bekannteste Verkehrsmittel der Stadt und eine Touristenattraktion zugleich. Anfang der 1990er-Jahre wurde die feuerrote Tram nach 30 Jahren wieder in Betrieb genommen, weil sich die Istiklal zur großen Shoppingmeile entwickelt hat. Auch sehr zur Freude der vielen Besucher. Hier gelten übrigens die gleichen Fahrkarten wie in den anderen öffentlichen Verkehrsmitteln.

- Iett.istanbul

Musikinstrumenten-Läden und unzähligen einladenden Cafés und Restaurants. Übrigens: Wer eine Katzenhaar-Allergie hat, sollte sich in ganz Istanbul immer ein wenig umschauen, denn es ist nicht unüblich, dass die eleganten Samtpfoten einem nicht nur überall auf der Straße, sondern auch in Geschäften begegnen. Oft liegen sie auf Stühlen, in Regalen, manchmal sogar im Schaufenster und halten ein Schläfchen. Katzen sind in Istanbul sehr beliebt, werden meist gut behandelt und auch von Einwohnern verköstigt. Hunden begegnet man hingegen eher selten. Nebenbei bemerkt: Wo sonst gibt es eine Stadt, in der einem Straßenkater sogar ein Denkmal errichtet worden ist? Sie haben richtig gelesen. Im Istanbuler Stadtteil Kadiköy wurde am Welttierschutztag 2016 (4. Oktober) die Statue für Kater Tombili eingeweiht, dem ehemals berühmtesten Streuner der Stadt. Als er starb (sein Alter wusste niemand), widmeten ihm die Bewohner seines Viertels eine Statue, das ihn in seiner Lieblingsposition zeigt: tiefenentspannt und lässig, als wollte er zeigen, wer hier das Sagen hat.

HÄTTEN SIE'S GEWUSST?

Ein Herz für Katzen

Den rund 150 000 Katzen der Stadt widmete der TV-Sender ARTE die halbstündige 360°-Reportage »Istanbul, Stadt der Katzen«. Bei den meisten Miezen handelt es sich um Streuner, die man überall in der Stadt antrifft: in Basaren und Boutiquen, Cafés und Restaurants, sogar in Museen und Moscheen. Dass die meisten so gut genährt sind und gepflegt aussehen, ist den Bewohnern der Stadt zu verdanken, die ein Herz für Katzen haben und auch mal den Tierarzt holen, wenn »Not am Tier« ist oder um eine Kastration durchführen zu lassen. Ihr Streunerdasein tragen die Katzen mit Würde: Elegant und selbstbewusst, majestätisch und königlich, wenngleich mitunter etwas zerzaust oder vom Kampf mit einem Nebenbuhler gezeichnet, streifen sie auf Samtpfoten stolz durch »ihre« Stadt.

- www.arte.tv/de/videos/111684-003-A/360-reportage

Unterwegs zum Galataturm

Während des gemütlichen Schaufensterbummels beobachte ich, wie die Istanbulbesucher zufrieden durch die Gassen schlendern. Man begegnet hier Menschen aller

Nationalitäten und hört im Vorübergehen so ziemlich jede Sprache, die es so gibt. Falls Sie sich dafür entscheiden, den wunderschönen Ausblick vom Galataturm über das berühmte Goldene Horn – der Naturhafen verdankt seinen Namen seiner gebogenen Form und seinem spektakulären Glanz in der Abendsonne – einmal sehen zu wollen, nehmen Sie den Aufzug bis in den obersten Stock. Auf dem Balkon kann man außen um den Turm herumlaufen. Machen Sie sich allerdings auf eine große Menschenmenge gefasst und vor allem darauf, dass Sie nach dem Besuch den ganzen Weg hinunter zu Fuß zurücklegen müssen. Der Aufzug fährt nämlich nur aufwärts – kein Scherz! Von daher reicht es vielleicht auch, den Blick auf den Turm im Sonnenuntergang zu genießen und, falls man an diesem Tag noch nicht genug vom Shopping hat, noch durch die Seitenstraßen mit den hübschen kleinen Geschäften zu bummeln.

Es ist übrigens sehr stimmungsvoll, bei Einbruch der Dunkelheit oder am Abend zum Ufer des Bosporus zu spazieren. Das funkelnde Lichtermeer der Schiffe, Gebäude und Moscheen, das sich im Wasser spiegelt, ist einfach atemberaubend. Um 5 Uhr in der Früh, wenn die Sonne gerade wie ein glutroter Ball über dem Meer aufgeht, war ich während der Dreharbeiten zu »Mordkommission Istanbul« oft in Sirkeci. Zu dieser Zeit schläft Istanbul noch. Bis auf ein paar Angler auf der Galatabrücke ist niemand auf den Straßen unterwegs. Es ist eine

Es ist ein Erlebnis, einer Millionenstadt wie Istanbul beim Erwachen zuzusehen.

ganz besondere Atmosphäre – ruhig und fast ein wenig romantisch –, wenn eine Gegend, in der sich tagsüber Millionen von Menschen tummeln, plötzlich menschenleer ist.

Nun neigt sich der Tag dem Ende zu, und in mir hallen viele schöne Momente des heutigen Tages nach. Zusammen mit dem Geschmack meiner Lieblingsspeisen im Mund und den wunderschönen Klängen und Liedern der Straßenmusiker im Ohr, nehme ich diese Impressionen dankbar mit in den Abend und in mein Hotel.

Was?

Über einen Mangel an Besucher kann sich das Stadtviertel Beyoğlu wahrlich nicht beklagen. Dafür sorgen prächtige historische Sehenswürdigkeiten ebenso wie die Fülle an Restaurants, Cafés und Teestuben, Feinkost- und Süßwarengeschäften, Schmuckläden sowie kleinen und großen Märkten. Hier eine Auswahl.

Wo und wann?
SEHENSWERTES

Freuen Sie sich auf einen mittelalterlichen Turm mit Traumblick, eine römisch-katholische Basilika, die »Blumenpassage« und einen nostalgischen Bahnhof mit einem kleinen Eisenbahnmuseum.

Bahnhof Sirkeci (Sirkeci Garı)

Ein sogenannter Kopfbahnhof der Türkischen Staatsbahn, der vor allem als Endstation des legendären »Orient Express« weltweit Berühmtheit erlangte. Der Bauherr August Jasmund kam aus Preußen. Weitere Werke Jasmunds in Istanbul: die Rumeli-Passage in Beyoğlu und das siebenstöckige Geschäftshaus Germania Han in Sirkeci.
Im Foyer des Sirkeci-Bahnhofs (auch Station der U-Bahn Marmaray) findet immer dienstags um 19.30 Uhr der »Tanz der Derwische« statt (Dauer: 1 Std., Reservierung erforderlich).

- Hocapaşa Mah. Ankara Caddesi
- Halil Lütfü 4, İş Merkezi K: 1 No. 113,
- Hoca Paşa, 34110 Fatih

Basilika St. Antonius

Das 1932 in den Rang einer Basilika erhobene Gotteshaus ist nach dem Franziskanermönch Antonius von Padua benannt. Architekt der Kirche im neogotischen Stil war der italienischstämmige Giulio Mongeri. 1967 zelebrierte Papst Paul VI. hier die erste heilige Messe eines Papstes auf türkischem Boden.

- Tomtom, İstiklal Cd. No. 171
  34433 Beyoğlu

Wahrzeichen und treuer Wächter der Stadt Istanbul: der Galataturm

Çiçek Pasajl

Zu Zeiten des »Orient Express« galt die früher Cité de Pera genannte Galerie als eine der glamourösesten Adressen im Stadtteil Beyoğlu. Eröffnet wurde sie 1876, ab 1917 wurde sie in »Blumenpassage« umbenannt, weil in viele der Gebäude Blumenläden eingezogen waren. 1998 erhielt die historische Arkade ein gläsernes Dach; die Passage wird für ihre lebhafte Bar- und Restaurantszene geschätzt.

- Hüseyinağa Mah. İstiklal Caddesi
  Saitpaşa Geçidi No. 176
  34435 Beyoğlu
  Rund um die Uhr geöffnet

Galataturm

Der 67 m hohe steinerne Turm ist mit 1350 Jahren einer der ältesten weltweit. Sein Inneres beherbergt ein Museum mit Ausstellungen zur Geschichte des Turms, zu Bootsmodellen und Ausgrabungen sowie ein einladendes Café-Restaurant. Und am meisten betört mich der Panoramablick von der Aussichtsplattform über das Meer und die Dächer dieser faszinierenden Metropole.

- Bereketzade, 34421 Beyoğlu
  istanbultouristpass.com/de/a-brief-history-of-galata-tower
  Tgl. 8.30–23 Uhr

Wo und wann? EINKAUFEN

Schmuck, Lederwaren, Kleidung, Stoffe, süße Mitbringsel wie Lokum oder türkischer Honig, Accessoires für die Wohnung wie Lampen oder Teppiche ... Bei diesem Überangebot muss man schon ein wenig Disziplin walten lassen, um nicht in einen Kaufrausch zu verfallen.

Kapalı Çarşı (Großer Basar oder Gedeckter Basar)

Ein gigantisches Areal innerhalb altehrwürdiger Mauern aus dem 15. Jh. Nicht nur das unbeschreibliche Warenangebot lässt einen schwindlig werden, auch die wunderschöne osmanische Architektur zieht die Blicke auf sich. Die Geschäfte sind nach Branchen sortiert, so gibt es z. B. eine Straße der Teppichhändler und eine Straße der Antiquitätenhändler.

- Beyazıt, 34126 Fatih
  Mo–Sa von 8.30–19 Uhr

Wo und wann? ESSEN UND TRINKEN

Essen und Trinken hält auch in Istanbul Leib und Seele zusammen. Land und Leuten war es immer ein oberstes Anliegen, dass Essen gut, gesund, reichhaltig, bezahlbar und für jedermann zugänglich ist. Nachstehend einige Adressen, die Kommissar Mehmet Özakin und seine Kollegen von der »Mordkommission Istanbul persönlich empfehlen.

Café Büyük Valide Han

Ein Geheimtipp: Versteckt gelegen und wie aus der Zeit gefallen! Innen wartet ein liebenswertes Sammelsurium von Vintage-Utensilien. Bei einem Mokka oder »çay« mit Blick auf die Stadt ist Entschleunigung in diesem Rooftop-Café garantiert.

- Mercan, 34116 Fatih
  buyuk-valide-han-cafe.business.site
  Tgl. 9–19 Uhr

Fischmarkt von Karaköy

Direkt am Wasser bietet sich die Gelegenheit, fangfrischen Fisch oder Meeresfrüchte für zu Hause einzukaufen und alles, was man sonst dazu noch benötigt (Salat, Gemüse, Zitronen ...). Man kann sich den Fang aber auch auf traditionelle Weise zubereiten lassen und gleich vor Ort verzehren. Und ein Fischrestaurant verlockt dort natürlich auch zur Einkehr.

- Fermeneciler Cd. No. 35
  Arap Cami Mahallesi
  (unweit des Fähranlegers Karaköy Istasyonu und der Galatabrücke)

Köşkeroğlu Baklava Ve Restaurant
Wie der Name schon verrät: Hier gibt es Baklava in allen Geschmacksrichtungen: mit Walnuss, Erdnuss, Karotte, Pistazie oder Granatapfelstreifen.

- Kemankeş Karamustafa Paşa, Mumhane Cd. No. 16
  34425 Beyoğlu
  koskeroglu.com.tr
  Tgl. bis 22 Uhr

Patisserie Inçi Pastanesi
Erste Adresse für Menschen mit süßem Gaumen. Stadtbekannt sind die nach einem Familienrezept hergestellten Profiterols.

- Şehit Muhtar, Mahallesi, Mis Sk. 18/A, 34435 Beyoğlu

Safran Restaurant & City Lights Bar
Prämiertes Restaurant mit überdachter Terrasse und Bar im 18. Stock des InterContinental Hotels. Das kulinarische Angebot ist groß, der Ausblick grandios. Über den Dächern der Stadt genießt der Gast authentische türkische Küche in eleganter Atmosphäre, begleitet von dezenter Livemusik.

- Asker Ocağı Cd. No. 1, Taksim, 34437 Beyoğlu
  istanbul.intercontinental.com/en/dining

Saray Muhallebicisi
Ein Paradies für Feinschmecker, in dem es auch ein paar Tische gibt, an denen man lustvoll tafeln kann. Ideal für Menschen mit wenig Zeit, die dennoch gut und gepflegt speisen möchten.

- Kuloğlu, İstiklal Cd. No. 107
  34433 Beyoğlu
  online.saraymuhallebicisi.com/saray-mandira

Unter der gläsernen Kuppel der Çiçek Pasajı lässt es sich gut verweilen.

Barock am Bosporus:
die anmutige Ortaköy-Moschee
am frühen Morgen

2

Brücke zwischen Orient und Okzident

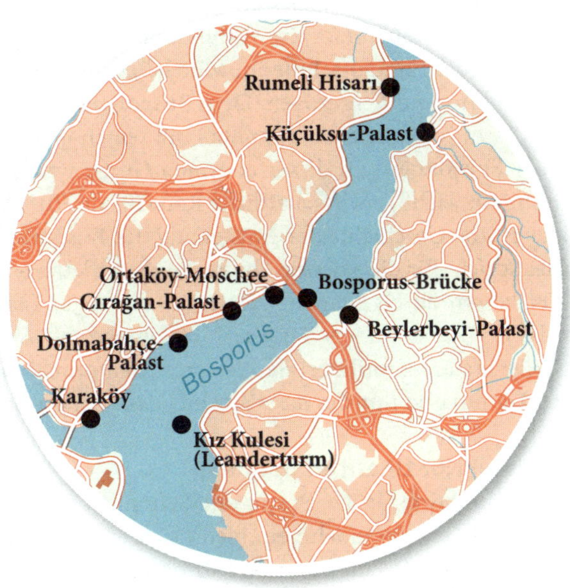

Hüben & drüben,
steinerne Sultansträume,
Dreigestirn der Hängebrücken

Sunset-Cruise über den Bosporus

Der Bosporus ist ein entscheidender Faktor, der Istanbul und seine Anziehungskraft ausmacht. Manche bezeichnen ihn sogar als die »Seele« der Stadt. Die berühmte Meerenge verbindet das Marmarameer mit dem Schwarzen Meer und teilt die Stadt in zwei große Hälften.

Auf der westlichen Seite befindet sich der dicht besiedelte europäische Teil, auf der östlichen der weniger stark bevölkerte asiatische Teil. Der Bosporus war auch schon immer eine Anbindung der Stadt an den Weltmarkt. Hier sind die Handelsschiffe im Mittelalter mit ihrer kostbaren Ladung nur so hin- und hergezogen. Dem Bosporus und seinen Möglichkeiten ist es zu verdanken, dass Istanbul mit seinen inzwischen über 16 Millionen Einwohnern zu dieser enormen Größe wachsen konnte und heute eine so wichtige wirtschaftliche Rolle für die Türkei spielt.

Ganz klar ist die Geschichte der Entstehung des Bosporus bis heute nicht. Vieles spricht für die Theorie, dass er nach der letzten Eiszeit vor etwa 11 700 Jahren durch Schmelzwasser aus der Ägäis (Mittelmeer) entstand, das ins Marmarameer lief. Vor 7500 Jahren schließlich kam es zu einem Wassersturz: Sintflutartige Wassermassen durchbrachen den natürlichen Damm und fluteten das »Becken« des Bosporus.

Zwischen zwei Kontinenten pendeln

Um Istanbuls unerhörte Größe, Pracht und Schönheit einmal aus einer anderen Perspektive wahrzunehmen, bietet sich eine Tour mit einem der vielen Ausflugsschiffe an. Besonders stimmungsvoll ist eine Sunset Cruise, weil dann der Sonnenuntergang das Meer und die am Ufer wie auf einer Perlenkette aufgereihten Sehenswürdigkeiten in einem dramatischen Farbenspiel präsentiert.

Der Bosporus ist ungefähr 30 km lang: Passagiere dürfen sich also auf eine richtig schöne lange Tour in herrlicher Natur mit Blick auf viele architektonische Highlights freuen. Allen voran die drei spektakulären Hängebrücken, die die berühmte Meerenge überspannen: die Bosporus-Brücke (Boğaziçi Köprüsü), die Fatih-Sultan-Mehmet-Brücke und die

Galatabrücke – nachts mit viel »Bling-Bling« in unterschiedlichen Farben illuminiert. Mit etwas Glück kann man auf den Weiten des Meeres Delfine springen sehen. Auch die zahllosen Möwen, die über dem Schiff kreisen und es mit ihrem Kreischen begleiten, tragen zum besonderen maritimen Flair bei.

Ich gehe an Bord mit der Erwartung, mich von der Landschaft, der Geschäftigkeit auf dem Wasser und den alten und neuen Kulissen dieser faszinierenden Stadt einfangen zu lassen! Wer dabei auch seine Fantasie auf die Reise schickt, dem wird es nicht schwerfallen, sich bildlich vorzustellen, wie hier einmal eine schwere gusseiserne Kette das Goldene Horn versperrte, um Kriegsschiffe am Einlaufen zu hindern. Diese Hafenkette wurde an der Einfahrt zum Goldenen Horn angebracht und verlief weiter vom damaligen Eugenius-Tor an der Seemauer bis zum Großen Turm oder »megalos pyrgos«, wie der Galataturm auf der anderen Seite der Wasserstraße in byzantinischer Zeit hieß. Nicht weit entfernt von der besagten Stelle hatte der Sultan bei der Belagerung Konstantinopels im Jahr 1453 eine breite Schneise über die Erhebungen bauen lassen, um so seine Schiffe auf dem Landweg ins Goldene Horn einzuschleusen.

Skyline von Istanbul

Vom Schiff aus bietet sich dem Betrachter ein atemberaubender Blick auf Istanbul. Aus der Distanz wirkt die Metropole beinahe ruhig, bewegungslos, so als läge sie in einem sanften Mittagsschlaf.

Der beginnende Sonnenuntergang lässt die prächtigen Yalı-Häuser am Ufer aufleuchten, als wären sie in ein Gewand aus Samt und Seide gehüllt.

Die osmanische Holzbauarchitektur dieser ästhetischen Luxusvillen ist einzigartig. Da ist es ein Leichtes, sich auszumalen, wie hier im 16. Jh. die adlige Gesellschaft über die Landungsstege, die fast an jedem Yalı-

Ich höre Istanbul, meine Augen geschlossen.
In der Höhe die Schreie der Vögel,
Die in Scharen fliegen.
Die großen Fischernetze werden eingezogen,
Die Füße einer Frau berühren das Wasser.
Ich höre Istanbul, meine Augen geschlossen.

Orhan Veli (1914–1950)
aus: »Ich höre Istanbul« (1941)
(übersetzt von Yüksel Pazarkaya)

Haus zu finden sind, mit ihren eleganten Schiffen angelegt hat, um dort die Sommerfrische zu verbringen. Für mich sind diese herrschaftlichen Villen auch mit Kindheitserinnerungen verbunden. Ich weiß noch, wie ich sie mir immer begeistert angesehen und mir dabei vorgestellt habe, wie es wäre, zusammen mit meiner Familie in einem dieser wunderschönen Häuser zu leben.

Volkssport Fußball

Wir sind in Karaköy gestartet, von dort ging es unter der Galatabrücke hindurch und entlang der europäischen Küstenseite Richtung Norden. Das erste auffällige Gebäude, an dem wir vorbeikommen, ist das vor zehn Jahren für 125 Mio. Euro neu erbaute Tüpraş-Stadion des Fußballvereins Beşiktaş in herrlicher Lage im gleichnamigen Park, in dem 42 600 Besucher Platz finden. Istanbul hat sage und schreibe 44 Fußball-Vereine. Die vier bekanntesten Clubs sind Galatasaray, Fenerbahçe, Beşiktaş und Başakşehir. Diese Clubs bestreiten auch die größten Istanbul-Derbys. Während meiner Recherchen zu diesem Buch hatte ich das Glück, das Championsleague-Spiel Galatasaray Istanbul gegen den

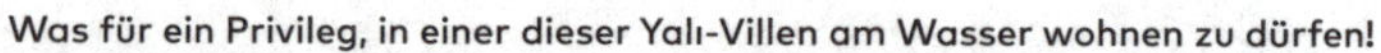

Was für ein Privileg, in einer dieser Yalı-Villen am Wasser wohnen zu dürfen!

FC Bayern München besuchen zu können. Die Atmosphäre im Stadion glich dem sprichwörtlichen Hexenkessel: Es herrschte eine Lautstärke von 132 Dezibel. Das Publikum war in diesem Spiel definitiv der 12. Mann auf dem Platz für Galatasaray, denn die Fußballfans in Istanbul brennen für ihren Verein.

Steingewordene Sultansträume

Nach diesem kleinen Ausflug in die Sportwelt zurück zur Historie: Bei der Belagerung der Stadt im April und Mai 1453 gab es ebenfalls ein großes Kampfgeschrei der Janitscharen, der Elitearmee des Sultans, als diese in mehreren Wellen gegen die westlichen Mauern anrannten. Fast 80 000 Soldaten hatte der Sultan antreten lassen, ihnen standen aber gerade mal noch 10 000 Kämpfer innerhalb der befestigten Stadt gegenüber. Das anschließende Gemetzel und die Plünderungen mag man sich gar nicht vorstellen.

Gleich neben dem Fußballstadion steht der legendäre Dolmabahçe-Palast. Zwischen 1843 und 1856 erbaut diente er lange Zeit den Sultanen als Residenz. Der Bau wurde von Sultan Abdülmecid I. in Auftrag gegeben, weil ihm der Topkapı-Palast, in dem er bis dahin residierte, zu altmodisch geworden war. Nachdem sich die wirtschaftlichen Beziehungen zu Europa in dieser Zeit immer mehr

HÄTTEN SIE'S GEWUSST?

Stadt der Megastadien

In Sachen ultramoderne Fußballstadien läuft niemand so schnell Istanbul den Rang ab. Die Stadt hat über 20 Stadien, drei von ihnen erfüllen allerhöchste Maßstäbe und bieten mehr als 50 000 Zuschauern Platz. Das größte Stadion der Türkei ist zweifelsohne das Atatürk-Olympiastadion im Stadtteil Başakşehir (76 000 Plätze), gefolgt vom Heimstadion des Großclubs Galatasaray aus Beyoğlu, dem Ali Sami Yen Stadion im Rams Park im Stadtteil Sarıyer (52 600 Zuschauer), wo auch Großkonzerte stattfinden (Bon Jovi und Madonna traten hier schon auf). Seit 2021 besitzt das Stadiondach die größte Photovoltaikanlage der Welt und schaffte es damit sogar bis ins »Guinness Buch der Rekorde«. Dritte im Bunde ist die Şükrü-Saracoğlu-Arena im Stadtteil Kadıköy mit Platz für 50 300 Besucher, Spielstätte des Clubs Fenerbahçe.

intensivierten, schwebte ihm ein Domizil vor, das dem europäischen Baustil näherkam. Dieses Unterfangen ist ihm zweifellos geglückt, die klassizistische Architektur des Dolmabahçe-Palastes ist unverkennbar. Das Bauprojekt verschlang indes horrende Summen. Doch wer den 600 m langen Palast von außen und innen bewundert hat, wird mit mir übereinstimmen, dass sich diese Investition gelohnt hat. Die vielfältigen Schmuckelemente, die prunkvolle Ausstattung, die liebevollen Details, die elegante helle Farbgebung – einfach majestätisch! Ein Traum sind auch die gepflegten Gärten, die den Palast einrahmen.

Geliebt und verehrt: Atatürk

Atatürk wird in der Türkei sehr verehrt und als Staatsvater bezeichnet, weil er das Land von den Besatzungsmächten befreit und nach westlichem Vorbild modernisiert hat. Er ist auch heute ein Leitbild für das türkische Nationalbewusstsein. Nachdem 1923 das Sultanat abgeschafft worden war, diente der Dolmabahçe-Palast dem Staatsgründer und ersten türkischen Präsidenten, Mustafa Kemal Atatürk, als Regierungssitz und später, als dieser nach Ankara verlegt wurde, als Wohnsitz, in dem er gerne viel Zeit verbrachte. Am 10. November 1938 um 9.05 Uhr starb der »Vater der Türken« im Dolmabahçe-Palast im Alter von 57 Jahren an einem Leberleiden. Nach seinem Tod wurden alle Uhren im Palast auf diese Zeit gestellt und so belassen. Die Zeit wurde quasi angehalten. Bis heute steht die Uhr in seinem Sterbezimmer auf 9.05 Uhr.

Das nächste beeindruckende Gebäude am Bosporus-Ufer, das vor unseren Augen gemächlich vorbeizieht, ist der lang gestreckte Çırağan-Palast. Mary Wortley Montagu, die englische Lyrikerin und Gattin des englischen Botschafters im Osmanischen Reich, Edward Wortley Montagu, soll ihn 1717 in ihren »Turkish Embassy Letters« einmal wie folgt beschrieben haben: »Seine Ausmaße sind erstaunlich. Die Wache versicherte mir, er beherberge achthundert Zimmer, was ich allerdings weder bestätigen noch bestreiten kann, da ich sie nicht gezählt habe [...], und alles ist verschwenderisch mit Marmor, Gold und wunderbaren Malereien von Früchten und Blumen verziert.« Heute, mehr als 300 Jahre später, geht es dort wieder königlich, mondän und opulent zu, denn seit 1991 beherbergt der frühere Sultanspalast ein Luxushotel mit 317 Zimmern. Das Grundstück, auf dem der Palast steht, war allerdings

Dolmabahçe-Palast: Neobarock und Rokokoelemente sorgen für europäisches Flair.

schon weit vor der Erbauung des Palastes ein bedeutsamer Ort und seit dem 16. Jh. als kaiserliche Kazancıoğlu-Gärten bekannt. Im Frühling schmückten unzählige Tulpen in allen Farben diesen prächtigen Garten. In dem ersten, dort erbauten Herrenhaus wurde die Farbenpracht des Gartens durch ein Kaleidoskop und bunte Lichter in den Fenstern widergespiegelt. Der Palast, wie er – zumindest von der Außenfassade her – heute dort steht, wurde erst nach einem langen Prozess des Abreißens und neu Errichtens der vorherigen Sultane, zuletzt Sultan Abdülaziz (er wurde nach seiner erzwungenen Abdankung am 4. Juni 1876 im Çırağan-Palast ermordet), 1871 fertiggestellt. Vom September 1876 bis zu seinem Tod im August 1904 wurde im Palast Murad V. festgehalten. Er war nach dem Tod seines Onkels Abdülaziz zu dessen Nachfolger bestimmt worden, aber nach nur drei Monaten von seinem Bruder Abdülhamit II. wegen angeblicher psychischer Schwäche abgesetzt und gefangen genommen worden.

Aufstieg und Fall eines Palastes

1909 wurde der Palast renoviert und fungierte danach kurze Zeit als Parlamentsgebäude. Die Einführung des Parlaments war der erste Schritt aus der Monarchie in Richtung Demokratie, der durch den Çırağan-

Palast symbolisiert wurde. 1910 brach ein verheerender Brand aus, der den Palast in Schutt und Asche legte. Man errichtete daraufhin in der Gebäuderuine ein Stadion, in dem Sportwettkämpfe und gelegentlich Feierlichkeiten stattfanden. Der Bau des eleganten Luxushotels Çırağan Palace Kempinski, in dem man heute in majestätischem Ambiente einen umwerfenden Blick auf den Bosporus genießen kann, begann 1987. Seit 1991 zählt das Hotel zu Istanbuls ersten Adressen.

Makelloser Service und einige Traditionen, die an das Palastleben von einst erinnern, lassen den Gast die Stadt aus einem königlichen Blickwinkel erleben.

Allabendlicher Hingucker: die blau-rot angestrahlte Bosporus-Brücke

Bei der »Mordkommission Istanbul« haben wir mehrmals in den Çırağan-Gärten gedreht. Es waren außergewöhnlich schöne Drehtage mit Blick auf den Bosporus.

Nächtlicher Zauber

Wir nähern uns der Bosporus-Brücke, die, sobald es dunkel wird, spektakulär in blau-roten Farben leuchtet. Auf der linken Seite, kurz vor der Brücke, passieren wir noch die anmutige Ortaköy-Moschee (oder Büyük Mecidiye Camii). Die 1856 im Stil des Neobarock erbaute Moschee entfaltet ihren ganzen Zauber am Abend, wenn sie effektvoll angestrahlt wird. Dann mutet die Moschee beinahe an wie ein geheimnisvoller Leuchtturm, dessen Silhouette sich behäbig im Wasser aalt.

In der Zwischenzeit wird auf dem Schiff Obst, türkisches Gebäck und »çay« serviert. Diese kleinen gastfreundlichen Gesten sind Normalität in der Türkei. Wo auch immer man sich befindet, an Speisen und Getränken mangelt es nie. Nachdem das Schiff unter der Bosporus-Brücke durchgefahren ist, geht es an der Küste entlang weiter, vorbei an Arnavutköy und Bebek. Diese Stadtviertel zählen zu den gehobeneren Gegenden Istanbuls. Man erblickt pompöse Villen, schicke Autos und spektakuläre Ausgeh-Locations am Ufer, auf die ich in Kap. 9 (s. S. 142), wo es über das Istanbuler Nightlife geht, zurückkommen werde.

Von der Festung zum Szeneort

Der nächste Blickfang ist die osmanische Festungsanlage Rumeli Hisarı. Erbaut von Fatih Sultan Mehmet II., um Konstantinopel zu belagern, und Rivalen, die über das Schwarze Meer kamen, abzuwehren. Des Sultans Strategie erwies sich als erfolgreich, er eroberte Konstantinopel 1453. Das Byzantinische Zeitalter endete damit, und Istanbul wurde Hauptstadt des Osmanischen Reichs. Die Festung wurde ab diesem Zeitpunkt gemeinsam mit der gegenüberliegenden Burg Anadolu Hisarı (1393/94 von Sultan Bayezid I. errichtet) genutzt, um den Schiffsverkehr auf dem Bosporus zu kontrollieren. Ab dem 16. Jh. wurde Rumeli Hisarı zum Gefängnis umfunktioniert. Nach der Restaurierung 1953 avancierte sie zu einem beliebten Veranstaltungsort für Open-Air-Konzerte im Sommer. Touristen schätzen die einstige Festung wegen des dortigen Kanonen-Museums und der grandiosen Aussicht.

Kriegsschiffe sind von hier schon oft ins Schwarze Meer gestochen. Im Ersten Weltkrieg aber hat das Osmanische Reich zusammen mit deutschen Militärs versucht, Engländer, Australier, Neuseeländer und Franzosen vernichtend zu schlagen. Das ist ihnen auf der Halbinsel Gelibolu (früher: Gallipoli) südlich des Bosporus und des Goldenen Horns gelungen. Sogar ein deutsches U-Boot war daran beteiligt und versenkte erfolgreich zwei englische Kriegsschiffe – verlustreiche Kämpfe, im Gedächtnis der Menschen sind sie immer noch als Heldenepos gespeichert.

Auch Agent 007 war schon da

Auf der Höhe der beiden Festungen hat unser Schiff eine große Wende zur rechten Seite gemacht und ist an der asiatischen Seite zurück Richtung Süden gefahren. Währenddessen sinkt die Sonne immer weiter über der Stadt und taucht Paläste, Moscheen, Türme und Villen in magisches Gold, das sich im Wasser spiegelt. Das nächste Gebäude, das uns die Ehre gibt, ist der vollständig aus weißem Marmor errichtete Küçüksu-Palast (»Palast des Kleinen Wassers«). Allerdings hatte der Palast nie eine besondere Bedeutung, er wurde lediglich als Ausflugsziel der Sultane genutzt. Und weil nie jemand in dem Palast residierte, gibt es auch kein einziges Schlafzimmer dort. Im James-Bond-Film »Die Welt ist nicht genug« wurde der Palast sogar zur Drehkulisse einiger Szenen. Heute dient er als Museum.

Auf der weiteren Fahrt sieht man noch weitere pittoreske Yalı-Häuser sowie eine der ältesten Militärschulen. Und erreicht schließlich den zauberhaften Beylerbeyi-Palast auf der asiatischen Seite, der zwischen 1861 und 1865 von Sultan Abdülaziz erbaut wurde, den das Meer sehr faszinierte. Der Sultan wählte diesen Standort, weil hier der Nordwestwind stark aufs Festland trifft und die Wellen ans Ufer schlagen lässt. Kaiser Konstantin der Große ließ in den Terrassengärten des Palastes ein riesiges Kreuz errichten, um seinen Übertritt zum Christentum auch nach außen zu bekunden, was den Gärten den Namen »Istavroz Bahçeleri« einbrachte. Da der Sultan den Palast sehr liebte, verbrachte er hier oft mit seiner Familie den Sommer. Er wurde aber auch als Residenz für wichtige Gäste genutzt, u. a. für den österreichischen Kaiser Franz-Josef und

Osmanische Pracht im Schatten der Bosporusbrücke: der Beylerbeyi-Palast

die französische Kaiserin Eugénie de Montijo. Letztere war von der Palastarchitektur und dem Prunk so angetan, dass sie in Paris eines der Fenster ihres Schlafgemachs nach dem Vorbild ihres Zimmers im Palast nachbauen ließ.

HÄTTEN SIE'S GEWUSST?

Frauenwahlrecht in der Türkei
Mustafa Kemal Atatürk veranstaltete im Beylerbeyi-Palast 1935 die erste UN-Weltfrauenkonferenz. Okay. Ein wichtiges und für sich sprechendes Ereignis, das belegt, was für ein moderner, aufgeschlossener und der Welt zugewandter Mann der Begründer der Türkischen Republik war. Kurz zuvor, im Dezember 1934, war in der Türkei das aktive und passive Wahlrecht für Frauen eingeführt worden, lange vor Frankreich (1944), Italien (1949) und der Schweiz (1971). In Deutschland dürfen Frauen seit November 1918 wählen.

Schmuckstück im Bosporus

Gemächlich fährt das Schiff weiter, während ich ein paar stimmungsvolle Erinnerungsfotos von dem Sonnenuntergang mache. Ein auffälliges Bauwerk, das wir kurz vor Ende der Tour passieren, ist der Kız Kulesi (Leanderturm), ein Leuchtturm auf einer kleinen Insel, der übersetzt Mädchenturm bedeutet. Er stammt aus dem 18. Jh. und hatte im Lauf der Jahrzehnte die unterschiedlichsten Funktionen. So diente er unter anderem als Quarantänestation, als Zollhaus und als Alterssitz für Offiziere. In seinem Inneren befinden sich ein bei Touristen beliebtes, qualitativ jedoch eher durchschnittliches Restaurant sowie ein Café. Der Standort des Leuchtturms befindet sich zwischen den Stadtteilen Üsküdar und Harem. Üsküdar hat eine besondere Bedeutung für mich, weil ich dort geboren bin.

Etwas weiter die Küste entlang gelangt man zu einer malerischen langen Steinpromenade, direkt gegenüber dem Goldenen Horn – einem meiner absoluten Lieblingsplätze (s. S. 8).

Dort am Ufer auf den von der Sonne gewärmten Steinen zu sitzen und das Schauspiel des Sonnenuntergangs zu erleben, ist einfach einmalig.

Vorne am Wasser ist es ruhig, man hört die Wellen an die Steine schlagen und riecht die salzige Meeresluft. Das Farbenspiel der untergehenden Sonne über dem Goldenen Horn ist schier unbeschreiblich. Der glutrote Himmel und die hohen Türme der Moschee in der Ferne geben zusammen eine unglaublich romantische Kulisse ab. Das ist mein absoluter Geheimtipp für alle, die einfach mal die Stadt in all ihrer Pracht erleben wollen.

Nun dreht das Schiff ab und fährt wieder Richtung Westen nach Karaköy, zurück zum Ausgangspunkt. Die schwere eiserne Kette, die einst Kriegsschiffen die Einfahrt ins Goldene Horn versperren sollte, ist ja zum Glück längst aus dem Wasser gezogen worden und kann nun im Militärmuseum (s. S. 103) bestaunt werden. In Karaköy angekommen, meldet sich bei mir langsam der Hunger, und ich freue mich auf gute türkische Hausmannskost im Restaurant Fasuli Galataport.

NICHT VERPASSEN

Unzählige Schiffe und Fähren passieren die berühmte Meerenge. Es muss nicht immer eine exklusive Bootstour sein, nehmen Sie ruhig auch mal die öffentliche Fähre (»Şehir hatları«), um die Sehenswürdigkeiten zwischen Europa und Asien vom Wasser aus und für wenig Geld zu genießen. Es gibt zwei Routen: die kurze (14.35 Uhr, Dauer: 2 Std.) und die lange Bosporus-Tour (10.35 Uhr, Dauer: 6 Std.). Beide starten vom Eminonu Pier auf der europäischen Seite.

- istanbeautiful.com/de/oeffentliche-faehren-istanbul
- www.sehirhatlari.istanbul

Was?

Auf einer Bootsfahrt zeigt sich Istanbul von seiner glanzvollen Seite. Am Ufer reihen sich osmanische Sultanspaläste, Moscheen und prächtige Yalı-Sommervillen wie Perlen an einer Kette auf. Detaillierte Informationen zu den Palästen finden Sie in Kap. 5. Hier gibt es stattdessen einige neuzeitliche Highlights zu Ausflügen, Essen und Trinken sowie einem spektakulären Fußballstadion.

AUSFLÜGE

Bootstouren Bosporus

Einen guten Überblick über Kreuzfahrten, Sightseeing-Touren und Sunset-Cruises gibt die Website istanbulwelcomecard.com/de/bosporus-bootstour.

ESSEN UND TRINKEN

Fasuli Galataport

Authentisches Restaurant, in dem viele Einheimische anzutreffen sind. Keine große Auswahl, dafür schmackhafte Hausmannskost wie bei »Mama«, z. B. Bohneneintopf. Familiäres Ambiente, freundliches Personal.

- Kemankeş Karamustafa Paşa
  Kılıç Ali Paşa Cd. No. 6
  34425 Beyoğlu
  www.fasuli.com.tr

SPORT

Galatasaray SK-Stadion Rams Park

Im zweitgrößten Stadion der Türkei (52650 Sitzplätze) finden seit 2011 die Heimspiele des Fußballclubs Galatasaray Istanbul statt. Als einziges aller türkischen Stadien erfüllt es die UEFA-Standards. Erbaut wurde es vom deutschen Architektenbüro asp Stuttgart. Seit 2021 verfügt das Dach des Stadions über eine gigantische Photovoltaikanlage mit über 10 000 Sonnenkollektoren. Zu erreichen mit der Metrolinie M2 (Seyrantepe TT-Stadyumu).

- Huzur Mh., Metin Oktay Caddesi
  34386 Sarıyer
  istanbul.com/de/travel/galatasaray-sk-stadium
  Stadiontouren (inkl. Film und Museum): Di–Sa, mehrmals am Tag

Aus der Vogelperspektive: die gewaltige Photovoltaikanlage auf dem Stadiondach

Gerüchte und Geräusche der Millionenstadt – damals und heute

Es ist eine breite, langsam ansteigende Straße hinauf zum Circus Maximus. Wie in Rom, so auch in Istanbul konnten gut 100 000 Menschen dort zusammenkommen. Zum Feiern, zum Anfeuern, zum Gesehen- und zum Unterhaltenwerden.

Heute fahren surrend Autos den stolzen Berg hinauf und hinunter, vorbei an der kühlen Zisterne. Wie in Rom hat man auch hier sieben Hügel gekannt. Und es gab auch eine Wasserleitung, ein Aquädukt, mehr als 400 km ins Hinterland hinein. Trinkwasser und elegante Thermen mussten üppig versorgt werden. Schon die Griechen hatten hier oben eine Akropolis erbaut. Dort verehrte man Zeus, Athene oder Poseidon. Dann zu der Zeit, als Justinian noch ein junger Mann war, gab es neben den antiken Tempeln auch schon beachtliche Kirchen: zur hl. Eirene, zur hl. Sophia. Damals lebten vielleicht 500 000 Menschen hinter den beiden Mauerringen, die sich vom Bosporus bis zum Goldenen Horn erstreckten, unterbrochen von vielen Wachtürmen und großen Tordurchgängen. Märkte entlang der gepflasterten Straßen, damals wie heute. Marktschreier, damals wie heute. Dazwischen 1500 Jahre.

Von der Bühne auf den Thron

Schauspieler gab es ebenfalls viele, damals wie heute. Ihr Ruf war allerdings übel, ihre Bezahlung erbärmlich, ihre Lebenserwartungen gering. Die Bürger der Stadt schauten zwar mit Herablassung auf sie herab, wollten aber ihre Stücke nicht missen. Kaiser Justin II., der seinen Neffen Justinian zum Mitkaiser ernannte, hatte sogar ein Gesetz für ihn geändert: Eine Ehe mit einer Schauspielerin galt damals als unehrenhaft, sie selbst als Sünderin. Nun gibt es ein neues Gesetz: Wenn sie ihrem Beruf entsagt, kann sie einen Bürger der Stadt sogar heiraten, und ihre Kinder sind erbberechtigt. Warum nun dieses skandalöse, neue Gesetz? Weil Justinian eine Schauspielerin liebt und sie heiraten möchte: Theodora. Sie wird nicht nur seine Frau, sondern auch die klügste unter sei-

Mosaik der byzantinischen Kaiserin Theodora in der Basilika San Vitale in Ravenna nen Ratgebern als Kaiser. Kann man in den schmalen Gassen, wenn man bergauf in Richtung ehemaligem Kaiserpalast schlendert, vorbei an der Hagia Sophia, vielleicht noch das Getratsche hören, wenn man einen stillen Augenblick erwischt: »Hast du das gehört, der Neffe des Kaisers will diese Theodora, diese ehemalige Schauspielerin, heiraten? Unglaublich – oder?«

Da bin ich aber schon oben, links die von Justinian erbaute neue Hagia Sophia und geradeaus der lang gestreckte Raum des ehemaligen Circus Maximus.

Blutbad im Circus Maximus

Die Schreie, die hier 531 zu hören waren, sind zwar längst verklungen, doch die Folgen bis heute sichtbar. Es war zu einem Tumult, einem Putschversuch gekommen. Justinian musste seinen besten Mann, Belisar, samt Spezialeinheit ins Stadion schicken, da kämpften die »Grünen«, eine der mächtigen Parteien der verschiedenen Stadtteile, gegen die Garde des Kaisers. Sie hatten sogar einen Gegenkaiser aufs Schild gehoben. Es wurde ein Blutbad sondergleichen. Man spricht von etwa 30 000 Toten. Öffentliche Gebäude, Kirchen, Arkaden standen in Flammen. Justinians Rolle auf des Messers Schneide. Endlich, nach Tagen ist der Alptraum vorbei. Es riecht noch nach verbranntem Holz, aber die Aufrührer sind in die Flucht geschlagen, der Thronprätendent hingerichtet. Belisar hat dem Kaiser seine Stellung erhalten können. Die Hagia Sophia und die Kirche der hl. Eirene sind allerdings in Schutt und Asche gelegt worden.

Wie Phönix aus der Asche

Was man nun sieht, ist in weniger als sechs Jahren prachtvoller als zuvor neu errichtet worden: die Hagia Sophia, wie wir sie heute kennen. Kaiser Justinian nutzte die Zerstörung, um alles großartiger und nachhaltiger wieder aufzubauen. Die erste Kuppel stürzte zwar bei einem Erdbeben schon bald ein, wurde aber gleich ersetzt und hält bis heute stand: Wenn wir sie jetzt betreten – 80 m lang, 50 m hoch – hat sie nichts von ihrer einstigen Größe eingebüßt. Mit dem magischen Licht und den besonderen Farben ist es ein Leichtes für einen Frommen, sich einen Himmel vorzustellen, der vor Pracht und Herrlichkeit nur so strahlen muss.

Und wenn man dann den freien Raum des ehemaligen Circus Maximus durchwandert, vielleicht hört man dann noch das Echo der früheren Schlachtrufe der Blauen, der Grünen, der Roten und der Weißen, die ihre Gespanne mit leidenschaftlichen »Nika-Nika«-Rufen (Níkē = Sieg) lautstark anfeuerten.

Hier stand auch auf einer hohen Säule das Reiterstandbild des Kaisers Justinian. Und wo sich heute der überdachte Basar befindet, in dem sich herrlich Zeit verschwenden lässt, waren einst prachtvolle Arkaden, Thermen, gepflasterte Straßen und ein Aquädukt, das aus Richtung Westen frisches Wasser lieferte – jahrhundertelang.

Hagia Sophia: ob Kirche oder Moschee, ein Bau von überwältigender Schönheit

Kein Raum im Dolmabahçe-Palast, der nicht von riesigen Kristallleuchtern aus Böhmen erhellt wird

3

Paläste im historischen Istanbul

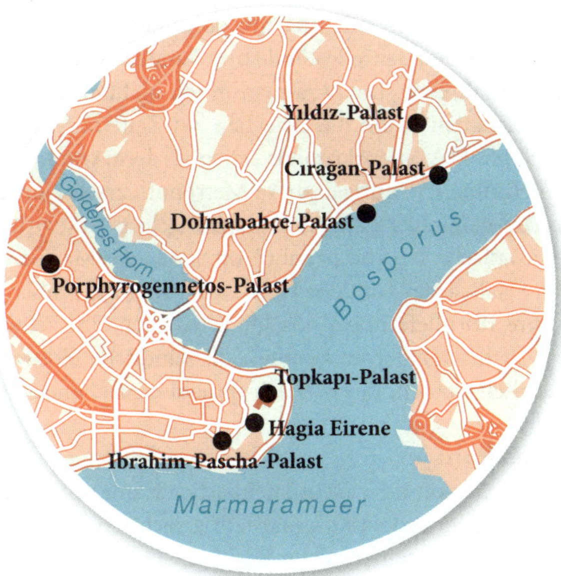

Heiliger Frieden,
Tor zur Glückseligkeit
und der Wanderstab von Moses

Glanz und Glorie des Sultanats

Wer möchte nicht gern wissen, wie die Herrscher von einst gelebt haben, egal, ob es sich um den französischen Sonnenkönig Ludwig XIV. oder im Fall von Istanbul um Süleyman den Prächtigen oder Sultan Abdülhamid II. gehandelt hat. Ein Blick hinter Kulissen, wie sie prunkvoller nicht sein könnten.

Hinter der Hagia Sophia, gewissermaßen in ihrem Schatten, lohnt sich natürlich der Besuch der ältesten Kirche in Konstantinopel, der Hagia Eirene. Sie befindet sich im ersten großen Hof zwischen Hagia Sophia und Topkapı-Palast. Um mich herum dominieren allerdings Grüntöne: weite Wiesen, alte Baumbestände mit wunderschönen Platanen, die teils über 300 Jahre alt sind, was man ihnen nicht ansieht, und dichte Hecken. Hier hatten schon die Griechen zur Zeit von Aischylos, Euripides und Sophokles eine Akropolis errichtet, denn von hier überblicke ich in alle Himmelsrichtungen diese Metropole: nach Norden hin der Bosporus, auf dem reger Fähr- und Handelsschiffsverkehr herrscht, im Osten der asiatische Teil von Istanbul, im Süden das Marmarameer und im Westen »Haliç«, das Goldene Horn, wo früher die großen Segler aus Ägypten ihre Kornlieferungen löschten, wo auch eine schwere Eisenkette die Einfahrt versperren konnte, falls feindliche Flotten die reiche Stadt überfallen wollten. Ein wirklich sprachlos machendes Panorama.

Ein zweites Rom

Und dieses Byzantion oder (sein lateinischer Name) Byzantium – eine um 660 v. Chr. gegründete Kolonialstadt griechischer Siedler – wählte Kaiser Konstantin zu seiner neuen Residenz. Ein zweites Rom sollte es werden – ebenso auf sieben Hügeln gelegen, umgeben von einer unüberwindbaren Mauer und prachtvoll ausgestattet mit Palästen, Foren, Arkaden, Theatern, einem Hippodrom und eben auch einer christlichen Kirche, die dem Frieden geweiht wurde: deshalb Hagia Eirene – heiliger Friede – genannt. Von außen macht sie auf mich eher den Eindruck einer abweisenden Ziegelbausteinlandschaft mit Fenstern und oben sogar einer Kuppel, die sich mir jedoch grüßend entgegenzustrecken scheint.

In der Hagia Eirene umgibt mich eine wohltuende Ruhe. Die kühlen und hohen steinernen Hallen stehen ganz im Kontrast zu dem Menschenstrom, der draußen in der Sonne vorbeifließt. Wenn ich diese alte Kirche, die ebenfalls bei dem bereits erwähnten Nika-Aufstand 532 n. Chr. zerstört und abgebrannt und nachher wieder aufgebaut worden war, betrete, ist der erste Eindruck eine ziemliche Überraschung: Plötzlich befinde ich mich in einer römischen Basilika, der Blick richtet sich gleich durch das Hauptschiff zur Apsis, in der weite Treppenstufen daran erinnern, was hier einst für feierliche Zeremonien abgehalten wurden. Soviel ich weiß, benutzten die Janitscharen nach der Eroberung der Stadt im Jahr 1453 den üppigen Raum für die Lagerung ihrer Waffen. Ein Arsenal also für lange Zeit. Dann war das Gotteshaus wieder für eine längere Epoche ein Museum. Aber jetzt pilgern Hunderte oft abends hierhin, um Musik zu hören. Die Akustik soll atemberaubend sein. So setze ich mich für eine Weile auf einen Stuhl, lasse den Raum auf mich wirken und stelle mir dabei vor, mit wie viel Farbe und Fresken Wände, Säulen und Gewölbe einst ausgemalt waren. Reste sind noch mancherorts zu erkennen. Vielleicht besorge ich mir Karten für ein Konzert, geht

Niedergebrannt und wieder aufgebaut: die byzantinische Kirche Hagia Eirene – heute dient sie als Museum.

es mir durch den Kopf. Ich würde gerne wieder in diesem wunderbaren Klangkörper sitzen und bei einem »Rondo alla Turca« in Tagträumen durch die bewegte Geschichte dieser Stadt wandeln, Gespräche belauschen, Wagenrennen bestaunen und mit Gleichgesinnten über Gott und die Welt plaudern.

Topkapı – ein Palast wie aus dem Märchen

Gut gelaunt lasse ich nun nicht nur die mächtige Hagia Sophia, sondern auch ihre kleine und viel ältere Verwandte, die Hagia Eirene, hinter mir und wende mich gespannt nach Norden. Dort warten in einem großen ummauerten Park die vielen Paläste und Audienzräume, der Harem und die Unterkunft der Eunuchen auf mich: Topkapı – Wohn- und Regierungssitz der Sultane. Baubeginn schon bald nach der Eroberung Konstantinopels. Ein riesiges Gelände, auf dem sich die märchenhafte Palastanlage im Laufe von vier Jahrhunderten, in denen die Sultane hier residierten, immer weiterentwickelt hat.

Von hier aus führt ein kerzengerader Fußweg zu einem Tor mit zwei kleinen spitzen Türmen an beiden Seiten: der Eingang zum sogenannten zweiten Hof, in dem früher die riesige Palastküche untergebracht war. Wie viele Köche hier wohl erlesenste Speisen für den Sultan, seine Gäste, seine Frauen und Nebenfrauen zubereitet hatten? Was für ein geschäftiges Treiben mag diesen Hof früher erfüllt haben? Bauern, Fischhändler, Verkäufer von Spezereien. Sicher

HÄTTEN SIE'S GEWUSST?

Mozarts türkischer Einfluss

Bestimmt kennen Sie Wolfgang Amadeus Mozarts Klaviersonate Nr. 11 und daraus den dritten Satz, der unter dem Beinamen »Türkischer Marsch« oder »Rondo alla Turca« berühmt geworden ist. Mozart wollte mit seinen musikalischen Mitteln die damals in der Türkei vorherrschende Militärmusik der Osmanen, die rhythmische Janitscharenmusik (»Mehter Marşı«), nachahmen, die zu der Zeit sehr populär war. Aus diesem Grund bediente sich der einfallsreiche Komponist nun der Türkischen Trommel (»darbuka«), der Kesselpauke und der Piccoloflöte – Instrumente, die den Orchestern der Wiener Klassik bislang eher fremd waren.

Blick von oben auf die weitläufige Anlage des Topkapı-Palastes, die mit einer Größe von 70 ha beinahe wie eine kleine Stadt anmutet.

schwebte hier oft ein die Nase verwöhnender Duft über den Hof. Bis zu 6000 Mahlzeiten mussten hier manchmal pro Tag zubereitet werden! Auch des Sultans Leibgarde war dort kaserniert.

Auf der linken Seite befindet sich der »Turm der Gerechtigkeit«, er ist Bestandteil des Justizgebäudes und symbolisierte die Ideale von Fairness und Gleichheit. Dieser Turm war ein wichtiger Bereich, in dem Gerichtsverhandlungen und auch Hinrichtungen stattfanden. Und: Er ist ein sagenhaftes Beispiel für die osmanische Architektur. Im Saal neben dem Turm befand sich eine große Empfangshalle, in der sich der Rat der Sultane versammelte, um politische, administrative und verwaltungstechnische Entscheidungen zu treffen.

Ich passiere das »Tor der Glückseligkeit«, um in den dritten Hof zu gelangen – es gibt insgesamt vier Höfe und drei Tore mit Leitsätzen darüber. Früher durfte man nur mit ausdrücklicher Erlaubnis hinein, denn hier befand man sich im Zentrum der Macht des osmanischen Großreichs: Thronsaal – man könnte Seiten füllen, um die prächtigen Tapeten, Diwane, Teppiche und filigranen Intarsien zu beschreiben, die auf dem Rundgang zu bestaunen sind. Ebenso die fein gemalten Kacheln, die Verzierungen an Torbögen und Fenstern. Übrigens: Wer sich für Sultansgewänder interessiert: Vom Tor der Glückseligkeit nach rechts gelangt man zu der beeindruckenden Sammlung von etwa 1300 Gewändern und Kaftanen, geschneidert aus handgewebten kostbaren Stoffen wie Brokat, Samt und Seide, mit fantasievollen Mustern und Schnitten. Kleidungsstücke, die bis ins 15. Jh. zurückreichen und dank guter Pflege kein bisschen Patina angesetzt haben. Alles in allem befindet man sich hier in einem einstigen Machtzentrum, in dem auch der Harem, die Bibliothek und ein Brunnenraum wie in einem Labyrinth versteckt auf die neugierigen Besucher von heutzutage zu warten scheinen.

Die Sache mit der Glückseligkeit

Wenn ich mir vorstelle, dass hier zeitweise bis zu 2000 Frauen wohnten, bewacht von finster dreinblickenden Haremswächtern, sogenannten Eunuchen, dann muss ich zwangläufig für einen Moment an die schöne Scheherazade aus den Geschichten von »Tausendundeine Nacht« denken. Nacht für Nacht redete sie zitternd um ihr Leben und musste eine Geschichte nach der anderen erfinden, um nicht geköpft zu werden. Wie hilflos waren die Frauen der Willkür ihrer Männer ausgesetzt, wie sehr preisgegeben dem Besitzdenken der Männerwelt!

Jedenfalls besaßen die Sultane den Ehrgeiz, die byzantinischen Kaiser hinsichtlich Pracht und Luxus ihrer Paläste um ein Vielfaches zu übertrumpfen.

Beim Gang durch die vielen Repräsentationsräume kann ich nur sagen: Es ist ihnen mehr als gelungen, es ist beispiellos. Vor allem der Fest- und Thronsaal, der sich ebenfalls dort befindet, ist einer der beeindruckendsten Räume im Harem, so wie auch die Gemächer von Murad III. Diese Räumlichkeiten sind gut erhalten und wurden von einem der bekanntesten osmanischen Architekten, Mimar Sinan (um 1490–1588), erbaut, den man zu Recht als genialsten Baumeister der islamischen Welt rühmen kann.

HÄTTEN SIE'S GEWUSST?

Ein genialer Baumeister

Gerade mit Blick auf die sagenhafte osmanische Architektur des Topkapı-Palastes muss auf den berühmten Architekten und Städtebauer Mimar Sinan verwiesen werden. Er lebte im 16. Jh. zur Zeit der Sultane Selim I., Süleyman I., Selim II. und Murad II. Er begann als Steinmetz, arbeitete sich vom Zimmermannsmeister zum Militäringenieur hoch und vor dort zum Chefarchitekten des Hofbauamtes. Seine bemerkenswerte Laufbahn begann mit der Fertigstellung der Haseki-Hürrem-Sultan-Moschee in Istanbul. Es folgten die Şehzade- und die Süleymaniye-Moschee (ebenfalls in Istanbul) sowie die Selimiye-Moschee in Edirne, die wiederum Vorbild für die im Jahr 1560 im Istanbuler Stadtteil Fatih erbaute Sokollu-Mehmed-Pascha-Moschee (s. Foto S. 10/11) war. Weitere, von ihm geschaffene große Bauwerke waren Paläste, Brücken, Schulen, Aquädukte und Badehäuser (Hamams).

- istanbul.com/de/travel/masterpieces-of-architect-sinan

Nur Auserwählte durften das »Tor der Glückseligkeit« passieren.

In der Gunst des Sultans

Zum Luftholen wende ich mich abschließend zum Vierten Hof: Mich erwarten gepflegte Parkanlagen mit atemberaubenden Ausblicken über den Bosporus und das Goldene Horn. Unwillkürlich fallen mir dabei die Hängenden Gärten der Semiramis ein: Wer in diesem Park verweilen durfte, der stand in der absoluten Gunst des Sultans und wusste, dass er zu den privilegiertesten Menschen des gesamten Reichs gehörte. Gleichzeitig ist man hier völlig abgeschirmt, und nun wird mir auch klar, warum man dieses Tor, durch das ich eben trat, »Tor der Glückseligkeit« nannte – wohlwissend, dass gerade für die vielen Frauen, die hier wohnen »durften«, ihre Existenz an einem seidenen Faden hing. So konnte für sie auf Glückseligkeit im nächsten Augenblick ein Todesurteil aus heiterstem Himmel folgen.

Was für ein gefährlicher Garten Eden das doch wohl war.

Jetzt kann man sich als Gast hier völlig frei bewegen und der Schönheit Referenz erweisen: Natur, Architektur und Steinmetzkunst.

Wie man sich bereits vorstellen kann, besteht der Palast nicht aus einem großen Gebäude, sondern aus unterschiedlichen Bauten, wie Pavillons, Bibliotheken, Moscheen und dem bereits beschriebenen riesigen Garten. Jeder Sultan hat in der Zeit seiner Herrschaft auf dieser großen Fläche etwas dazu errichten lassen, was den Palast noch größer und prächtiger werden ließ.

Im Namen der Tulpe

Einer dieser Pavillons, an dem ich gerade vorbeikomme, ist der zwischen dem 17. und 18. Jh. von Sultan Murad IV. erbaute achteckige Bagdad-Pavillon. Im Inneren hing in der Mitte eine große Kugel, die einen Globus symbolisiert, quasi um Macht zu demonstrieren und »den Herrscher als Regenten über das Weltimperium darzustellen«. Die Farbe Blau ist hier sehr dominant, die Kacheln sind weitestgehend in diesem Farbton gehalten, mit wunderschönen floralen Mustern darauf. Das Symbol der osmanischen Epoche war die Tulpe, bei genauem Hinsehen erblickt man die ein oder andere Tulpe hier. Auch auf dem Weg zur Blauen Moschee lohnt es sich auf Tulpen zu achten. Sie ist ein spirituelles Symbol, das sich durch eine Legende entwickelt hat, die besagte, dass aus dem Blut eines jeden Kriegers eine Tulpe wächst, der sein Leben für seinen Stamm gelassen hat. Zudem ist sie das Nationalsymbol der Türkei. Wunderschön ist übrigens der Besuch des Palastgeländes im Frühjahr, wenn sich hier die Tulpenblüte in Farbe und Pracht beinahe überbietet. Nebenbei bemerkt, schmückt sich auch eine wunderschöne, im osmanischen Barock erbaute Moschee in der Altstadt mit dem Namen der Tulpe, die Laleli-Moschee (das türkische Wort »lale« heißt Tulpe).

Es geht weiter, wir gelangen nun zu einem besonders beeindruckenden Teil, der aus vier Räumen bestehenden Schatzkammer. An den Palastwänden sind wunderschöne Kalligrafien zu erkennen, die den Sagen nach »nur die Unsterblichen lesen können«. Der gesamte Palast wurde 1924 in ein Museum umgewandelt, in dem die Schatzkammer das absolute Highlight ist. In ihr sind die kostbarsten Ausstellungsstücke aufbewahrt. Neben Waffen und kostbarem Geschirr befinden sich hier

Iznik-Fayencen und filigrane Buntglasfenster zieren den Bagdad-Pavillon.

NICHT VERPASSEN

Es geht um den berühmten Topkapı-Dolch! Cineasten werden die US-Gaunerkomödie »Topkapı« mit Peter Ustinov und Melina Mercouri in den Hauptrollen bestimmt kennen. Die Geschichte ist schnell erzählt. Eine schwerreiche Amerikanerin hat sich den smaragdbesetzten Topkapı-Dolch in den Kopf gesetzt und einen Meisterdieb beauftragt, das kostbare Stück aus der Museumsvitrine zu stehlen. Glücklicherweise kann das Vorhaben vereitelt werden. Der kunstvoll gefertigte Dolch mit der goldenen Scheide, um den es im Film geht, ist im 4. Saal des Topkapı-Palastes zu bewundern. Dort wurden auch die Filmszenen gedreht.

Skelettreste, die von Johannes dem Täufer stammen sollen, ein Wanderstab von Moses sowie Mantel, Schwert, Haare und ein Fußabdruck Mohammeds. Außerdem ist hier einer der größten und berühmtesten Diamanten der Welt zu bewundern, der sogenannte Löffelmacher-Diamant (»Kaşıkçı Elması«), um den sich etliche Legenden ranken. Dieser birnenförmige Stein hat 86 Karat und wird von 49 Brillanten umrahmt. Es heißt, ein bettelarmer Fischer habe den Stein im 17. Jh. in einem Müllhaufen gefunden und ihn für einen wertlosen Kristall gehalten. Weil er mit seinem Fund nichts anzufangen wusste, brachte er ihn zu einem Löffelmacher und tauschte ihn gegen drei Löffel ein. So kam der Diamant zu seinem Namen und der unglückselige Fischer um seinen Schatz. Auch ein geschwungener goldener Dolch, der am Griff mit Smaragden verziert ist, ist ein Blickfang und obendrein eines der wertvollsten Stücke der Ausstellung. Da lohnt es sich, die meist recht lange Warteschlange vor der Schatzkammer in Kauf zu nehmen.

Wo man hinblickt: Spuren der Vergangenheit

Es gibt Tage, an denen sehr viele Touristen über das Palastgelände strömen. Allerdings gibt es auch eine Möglichkeit, dem zu entgehen und trotzdem eine Tour zu bekommen. Der Palast ist immer dienstags geschlossen. Gegen einen kleinen Zuschlag kann man dann trotzdem eine Tour buchen, ohne Gedränge oder lange Wartezeiten.

Ich mache mich nun auf den Weg in die Altstadt hinter dem Palast. Ich gelange dabei in eine pittoreske Gasse namens Soğukçeşme Sokağı, in der sich prachtvolle osmanische Holzhäuser aneinanderreihen und die von Palmen gesäumt ist. Auch wenn die Häuser restauriert sind und recht schick wirken: Das Flair von einst haftet ihnen immer noch an.

Man kann sich gut vorstellen, wie damals hochrangige osmanische Offiziere hier ein und aus gingen.

Ein idyllischer Weg, und ich genieße den Anblick im Licht der untergehenden Sonne.

Als Nächstes, auf meinem Weg vorbei an der Hagia Sophia, zieht eine große Ausgrabungsstätte meine Aufmerksamkeit auf sich. 1983 wurden hier viele Reste von römischen und griechischen Altertümern entdeckt, die im Garten der Hagia Sophia ausgestellt wurden. Überall stößt man hier auf geschichtliche Spuren. Man bewegt sich die ganze Zeit auf einem schmalen Grat zwischen Vergangenheit und Gegenwart.

Die Ablösung

Ab 1856 löste der modernere Dolmabahçe-Palast den Topkapı-Palast als Residenz der Sultane ab. Der Palast liegt im europäischen Teil am Bosporus und ist Ihnen bereits in Kap. 2 (s. S. 37) begegnet. Insgesamt sechs Sultane nutzten ihn als Residenz, bis ihm dank Mustafa Kemal Atatürk schließlich der Schritt aus der Monarchie hin zur türkischen Republik gelang. Die armenischen Baumeister, Vater und Sohn Balyan, setzten bei der Architektur auf eine Mischung aus Neoklassik und Neubarock mit dezenten osmanischen Akzenten. Wenn man den Palast betritt, könnte man beinahe den Eindruck gewinnen, man befände sich in einem Saal von Versailles. Ähnlich prunkvoll und majestätisch präsentieren sich die Räumlichkeiten, bestückt mit pompösen Kronleuchtern und Kerzenständern, feinstem Kristall, Vasen und Uhren. Allein in die Innendekoration sollen insgesamt 14 t Gold und rund 40 t Silber geflossen sein. Mit seinen über 300 Zimmern besitzt der Palast eine bemerkenswerte Größe. Als Baumaterialien wurden hauptsächlich Marmor und Alabaster verwendet. Für Mustafa Kemal Atatürk, den ersten Präsidenten der Türkei, war der Dolmabahçe-Palast ein Lieblingsort. Dort starb der Staatsgründer auch (1938), und dort wurde 77 Jahre zuvor, im Januar 1861, Mehmed VI. Vahideddin geboren – der letzte Herrscher aus dem Hause Osman, mit dem das Sultanat im Jahr 1922 enden sollte.

Doch lassen Sie uns einen Abstecher ins ausgehende 19. Jh. unternehmen, und zwar in die Zeit von Sultan Abdülhamid II., einem Despoten – machtgierig und skrupellos –, der 33 lange Jahre an der Macht war und vier Jahre davon (1876–1880) im Dolmabahçe-Palast regierte. Seinen älteren Bruder, den psychisch kranken Prinzen Murat V., der 1876 den Thron bestieg, aber nach nur drei Monaten abgesetzt wurde, hielt er im nahen Çırağan-Palast bis zu dessen Tod im August 1904 gefangen. Es heißt, der kranke Sultan sei musikalisch sehr begabt gewesen und habe während seines 28-jährigen Hausarrestes Hunderte von Stücken komponiert.

Da sich sowohl Dolmabahçe- als auch Çırağan-Palast direkt am Ufer des Bosporus befinden und Abdülhamid II. einen Angriff vom Meer her fürchtete, fand abermals ein Wechsel des Amtssitzes statt. Die Wahl des Sultans fiel auf den Yıldız-Palast (deutsch: Sternenpalast), den er bereits 1880 erbaut und gelegentlich als Landsitz genutzt hatte. Nun ließ er ihn vom italienischen Architekten Raimondo d'Aranco entsprechend seiner Bedürfnisse erweitern und umbauen.

Der Yıldız-Palast zwischen Beşiktaş und Ortaköy umfasst eine große Palastanlage, bestehend aus verschiedenen Villen, Schlösschen und Gartenpavillons. Der »Sternenpalast« selbst thront auf einem Hügel, einem ehemaligen Waldstück am Bosporus. Auf dem Areal gibt es allerlei Pavillons und Chalet-ähnliche Gebäude, darunter der zweistöckige Şale-Kiosk (oder »köşk«). Diesem Jagdschlösschen wurde später ein Anbau hinzugefügt, in dem im 20. Jh. hohe Staatsgäste wie der deutsche Kaiser Wilhelm II., den mit Sultan Abdülhamid eine enge Freundschaft verband, sowie die Staatsmänner Winston Churchill und Charles de Gaulles untergebracht wurden. Es gibt darin einen Perlmuttsalon – so benannt, weil alle Wände und Decken mit schimmerndem Perlmutt verziert sind – sowie ein riesiges Empfangszimmer mit einem 400 qm großen handgeknüpften Hereke-Teppich.

Heutzutage wird der Palast für Kunstausstellungen genutzt; darüber hinaus beherbergt er das Yıldız-Palast-Museum mit Exponaten aus osmanischer Zeit. Die weitläufigen Gärten sind ein beliebter öffentlicher Raum geworden, in dem die Einheimischen ihre Freizeit verbringen.

Taubenzucht boomt in der Türkei: Tauben gelten hier als »Artisten der Lüfte«.

Viele der ehemaligen Paläste wurden in Museen umgewandelt wie der ehemals herrschaftliche byzantinische Porphyrogennetos-Palast (Tekfur Sarayı) im Nordwesten der Altstadt. Nach der Eroberung durch die Osmanen 1453 wurde er zweckentfremdet und diente lange Zeit als Keramikwerkstatt und später sogar dem Sultan als Menagerie, bevor er dem Verfall preisgegeben wurde. 2006 begann die Restaurierung. Seit 2021 ist das Gebäude aus dem 13. Jh. als Museum zugänglich: Gezeigt werden Keramiken, die früher auf dem Gelände gefertigt wurden, aber auch Funde, die bei der Sanierung auf dem Palastareal ans Tageslicht kamen. Eine Besonderheit für Besucher ist übrigens der am Wochenende an der Theodosius-Mauer stattfindende Taubenmarkt – Taubenzüchten ist in der Türkei ein weit verbreiteter Zeitvertreib.

Ebenfalls zum Museum avanciert ist der Ibrahim-Pascha-Palast (İbrahim Paşa Sarayı), ein historisches Wahrzeichen beim ehemaligen Hippodrom am Sultan-Ahmet-Platz. Hierher kommt man, um türkische und islamische Kunst zu bewundern. Andere Gebäude, wie der Çırağan-Palast im Yıldız-Park, wurden zu Luxushotels umgebaut. Und von wieder anderen sind nur noch einige Mauern oder Ruinen erhalten geblieben, wie etwa vom Blachernen-Palast (Blaherna Sarayı) im Stadtteil Fatih.

Was?

Sultans- und andere Paläste von A–Z, einer prachtvoller wie der andere. Nach dem Ende des Sultanats wurden die meisten dieser majestätischen Residenzen in Museen umgewandelt, wo man heute osmanische Architektur und Kultur aus nächster Nähe erleben kann.

Wo und wann?

Çırağan-Palast

Der ehemals bedeutende Sultanspalast am Wasser beherbergt heute ein Fünf-Sterne-Hotel der Kempinski-Gruppe. Was die wenigsten wissen: Bei seinem ersten Istanbul-Besuch 1889 fand der deutsche Kaiser Wilhelm II. großen Gefallen an den kostbaren Palasttüren aus Holz und Perlmutt, sodass ihm Sultan Abdülhamid II. eine von ihnen zum Geschenk machte. Über eine Brücke ist der Palast mit dem Yıldız-Palast verbunden.

- Yıldız
  Çırağan Cd. No. 32
  34349 Beşiktaş
  www.kempinski.com/de/ciragan-palace/overview/hotel-information/geschichte-des-palastes

Dolmabahçe-Palast

Nirgendwo in Istanbul wird dem Besucher Glanz und Gloria der osmanischen Herrscher so deutlich vor Augen geführt wie in diesem für Sultan Abdülmecid I. errichteten Palast am Bosporus (heute ein Museum). Er wurde von den armenischen Architekten Balyan in den Jahren 1843–1856 erbaut und besitzt noch die Originalausstattung.

- Vişnezade, Dolmabahçe Caddesi
  34357 Beşiktaş
  www.millisaraylar.gov.tr/Lokasyon/3/Dolmabahce-Palace
  Sommer Di–So 9–18,
  Winter 9–17 Uhr

Ibrahim-Pascha-Palast

Einer der größten Paläste Istanbuls, dessen Herkunft und Baugeschichte im Dunkeln liegen. Seine Anfänge vermutet man im 15. Jh., als er dem Großwesir als Wohnsitz diente. Spätere Verwendung fand er als Verwaltungssitz, als Finanzbehörde und Militärschule. Heute beherbergt er das Museum für türkische und islamische Kunst.

- Binbirdirek, At Meydanı Cd. No. 12
  34122 Fatih
  Muze.gen.tr/TIEM
  Museum: Sommer 9–19.30,
  Winter bis 17.30 Uhr

Porphyrogennetos-Palast (Tekfur-Palast)

Ein byzantinischer Palast aus dem 13. Jh., der nach Konstantin Palaiologos Porphyrogennetos, einem

Sohn Kaiser Michaels VIII., benannt ist. An der Theodosianischen Landmauer in der Altstadt gelegen, ist der Palast, der heute das Tekfur-Saray-Museum beherbergt, schon deshalb von Bedeutung, weil er zu den letzten Überbleibseln weltlicher byzantinischer Architektur zählt.

- Ayvansaray, 34087 Fatih
  www.tekfursarayi.istanbul/tr/tekfur-sarayi-muzesi
  Di–So 9–17 Uhr

Topkapı Palast

Über Jahrhunderte war er Wohn- und Regierungssitz der osmanischen Herrscher. Seine Erbauung erfolgte nach der Eroberung Konstantinopels durch Sultan Mehmed II. Abgelöst wurde er 1856 durch den Dolmabahçe-Palast auf der anderen Seite des Goldenen Horns.

- Cankurtaran Mah.
  Babı Hümayun Cd. No. 1
  34122 Sultanahmet/Fatih
  muze.gen.tr/muze-detay/topkapi
  Mo, Mi–So 9–18 Uhr

Yıldız-Palast (Sternenpalast)

Weil die Lage des Gebäudes vor möglichen Attentaten und Angriffen geschützter war als die bisherigen Amtssitze, verlegte Sultan Abdülhamid II. ab 1880 seine Residenz kurzerhand hierher. Er hatte zuvor vom italienischen Architekten D'Aronco Umbau- und Erweiterungsarbeiten ausführen lassen. Heute beinhaltet er u. a. ein Museum und eine Porzellanmanufaktur.

- Yıldız Sarayı Müzesi
  Yıldız Park, 34349 Beşiktaş
  www.yildizsarayi.com.tr
  Palast: März–Sept. tgl. 9.30–17, Okt.–Feb. tgl. 9.30–16 Uhr
  Palast-Museum: tgl. außer Di

Ein weißes Tor begrenzt den Park des Dolmabahçe-Palastes zum Bosporus-Ufer.

Die 56 m hohe Kuppel der Hagia Sophia: ein spätantikes Meisterwerk

4

Von Moscheen, Kirchen und Zisternen

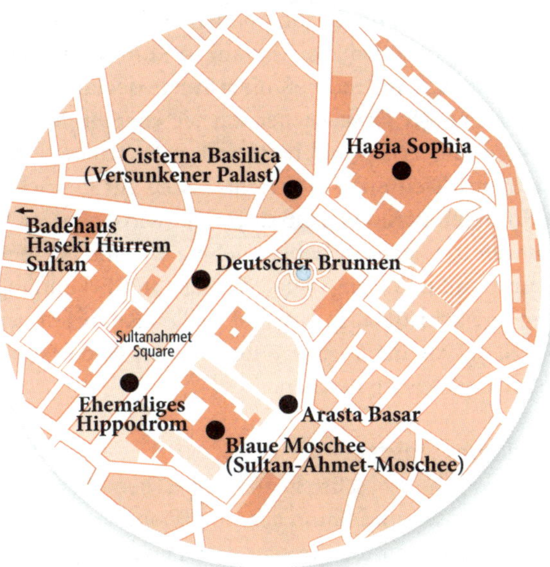

Ein versunkener Palast,
das achte Weltwunder
und eine antike Pferderennbahn

Unterwegs im magischen Viereck

Dieses Kapitel widmet sich vier stadt- und weltbekannten Glanzpunkten in der historischen Altstadt, weshalb es für mich eine Art »magisches Viereck« darstellt. Nahezu jeder, der Istanbul besucht hat, kennt sie: Blaue Moschee und Hagia Sophia, Hippodrom und Yerebatan-Zisterne.

Da meine Heimat längst Deutschland geworden ist, fühle ich mich in meiner Geburtsstadt Istanbul gelegentlich durchaus ein wenig als Besucher. Besonders dann, wenn es um die weltberühmten Paläste, Moscheen und Museen geht, in denen die weltlichen und sakralen Schätze der ruhmreichen Vergangenheit von Byzanz – Konstantinopel – Istanbul aufbewahrt werden. Als Kind ließ mein Interesse daran noch zu wünschen übrig, als junger Erwachsener war ich eher ein Museumsmuffel, viel im Ausland unterwegs und hatte andere Prioritäten. Doch seit geraumer Zeit, auch weil mich die Dreharbeiten zur deutschen TV-Krimireihe »Mordkommission Istanbul« immer wieder an den »Schauort« Istanbul führen bzw. geführt haben, nehme ich mir bei meinen Besuchen Zeit und Muße für lange Spaziergänge und Erkundungen. Dabei lenke ich meine Schritte auch bewusst zu den Kulturtempeln und anderen Stätten, die von der Vergangenheit meiner Geburtsstadt erzählen und sie so unvergleichlich machen.

Ein versunkener Palast

In dem anfangs schon beschriebenen magischen Viereck bewege ich mich dabei durch Zeit und Raum auf einer Wanderung durch die Jahrtausende. Am besten hat man immer eine Flasche Wasser dabei, nicht nur im Sommer, denn das Bedürfnis, Flüssigkeit aufzunehmen, ist in dieser Stadt groß. Aber bitte kein Leitungswasser, sondern Mineralwasser kaufen! Im Gegensatz zu heute hatte das alte Konstantinopel mit der Wasserversorgung nie ein Problem. Eine über 400 km lange Wasserleitung – über viele Brücken und einige Tunnel – versorgte die Bevölkerung der Stadt und den kaiserlichen Palast mit frischem Wasser – jahrhundertelang. Eine beispiellose architektonische Meisterleistung.

Yerebatan-Zisterne, Cisterna Basilica oder Versunkene Stadt: viele Namen für ein antikes technisches Wunderwerk im Untergrund

Wie ein verwunschener Säulenwald

Wenn ich das Archäologische Museum als Ausgangspunkt nehme, das ich in Kap. 5 (s. S. 90) besuchen werde, wende ich mich von dort kommend nach Süden, Richtung Cisterna Basilica (auch Yerebatan-Zisterne genannt). Natürlich voller Vorfreude, denn der Prachtbau liegt tief unter der Erde, ein riesiges Wasserreservoir – das bedeutet kühle Luft und keine blendende Sonne. Kaiser Justinian ließ es 532 bauen, um die umfangreichen Palastanlagen ausreichend mit Wasser zu versorgen. Oben drüber erhob sich eine große Basilika, wo das pralle Leben mit Händlern, Handwerkern und Imbissstuben tobte, während unten im Dämmerlicht glitzernde Stille herrschte.

Erwartungsvoll steige ich die vielen Stufen hinab in einen Saal, der mich wie ein verwunschener Säulenwald empfängt.

9 m hoch sind diese Säulen, und davon gibt es mehr als 300! Was für eine hohe Halle! Sofort versetzt mich die Atmosphäre in frühere Jahrhunderte. Dieses riesige unterirdische Gebäude hat allen Erdbeben widerstanden – genauso wie die Hagia Sophia, die gleich gegenübersteht und ich anschließend meine Aufwartung machen möchte. Da ist dieser Ort genau die richtige Vorbereitung: Er stimmt einen ein auf mystische Momente, auf geheimnisvolle Begebenheiten, die hier einmal stattfanden. Hier wurden übrigens einige bekannte Filme gedreht, darunter der James-Bond-Klassiker »Liebesgrüße aus Moskau«, »Das Inferno« mit Tom Hanks (die Verfilmung von Dan Browns Bestseller), auch in Tom Tykwers Kinofilm »The International« dient die berühmte Zisterne mit ihrer dunklen stillen Welt als Filmschauplatz. Natürlich bin ich stolz darauf, dass ich vor vielen Jahren ebenfalls hier, in diesem »Versunkenen Palast«, wie er auch gern genannt wird, drehen durfte. Es war die Verfilmung des Romans »Istanbul sehen und sterben« der deutschen TV-Moderatorin und Krimischriftstellerin Hülya Özkan, der unter dem Titel »Die Tote in der Zisterne« im deutschen Fernsehen ausgestrahlt wurde.

Das Achte Weltwunder

Gleich gegenüber der Zisterne grüßen vier Minarette, aber sie gehören zu keiner Moschee, sondern zur wohl bekanntesten und spektakulärsten christlichen Kuppel-Kirche: die Hagia Sophia (die heilige Weisheit). Während man sonst schon von Weitem eine christliche Kirche an ihrer Kreuzform und den Türmen am Querschiff und zu beiden Seiten des Westwerks erkennen kann – zumindest die romanischen Bauten – stehe ich hier erst einmal ratlos vor einem mächtigen, steinernen Monument, das eher wie eine Festung auf mich wirkt, überwölbt von einer majestätischen Kuppel. Dreimal ist an dieser Stelle eine Kirche gleichen Namens gebaut worden, zweimal brannte sie ab und wurde völlig zerstört. Doch der dritte Neubau, der in nur fünf(!) Jahren zwischen 532 und 537 auf Befehl von Kaiser Justinian errichtet wurde, steht seitdem – trotz vieler Erdbeben und dem Einsturz der Kuppel (558), die gleich verbessert neu auf das große Viereck gesetzt wurde.

Vom byzantinischen Gotteshaus zum Museum und zur Moschee: Hagia Sophia

Als stiller Betrachter lasse ich mich nun von diesem ungewöhnlichen Raum beeindrucken, genauso wie die vielen anderen Besucher, die Tag für Tag hier verweilen. Prächtige Marmorböden – eine Stelle ist besonders auffällig: Omphalon wird sie genannt, Nabel der Welt. Ein großer Kreis umgeben von bunten Marmorkreisen. Dort soll Justinian bei den Gottesdiensten gesessen haben – gewissermaßen als Mittler zwischen Gott und den Menschen, dort wurden die byzantinischen Kaiser gekrönt. Menschen wirken in diesem hohen Raum beinahe wie Ameisen, die aufgeregt hin und her wuseln. Das durch die Fenster einfallende Licht – allein in der Kuppel gibt es 40 Fenster – verzaubert alles, was die Sinne hier aufnehmen. Staunend und still lasse ich die Atmosphäre auf mich wirken.

1453 – da war für einen langen Augenblick die Hölle los in diesen heiligen Hallen: Die Bewohner der Stadt waren hierher geflohen. Sultan Mehmed II. hatte Konstantinopel nach langer Belagerung erobert und zur Plünderung frei gegeben. Es müssen sich dramatische Szenen hier abgespielt haben.

Dann wurde aus der großen Kirche eine große Moschee, auch die vier Minarette standen bald um sie herum. Bis sie 1932 unter Kemal Atatürk in ein Museum umgewandelt wurde. Und dann seit 2020 wieder als Moschee genutzt wird. Die vielen Schlappen und Schuhe am Eingang begrüßen den Besucher, die Gläubigen gehen barfuß hinein – seit 1453 bedecken Teppiche die (kühlen) Marmorböden. Auch die vier Eckpfeiler, die die Kuppel tragen, und die Wände sind mit Marmorplatten und Intarsien verkleidet. Der Raum, durch den ich voller Staunen schreite, hat fast die Größe eines Fußballfeldes. Was für ein begnadeter Architekt hier wohl gewirkt hat?

Allein die Statik eines solchen Raumes exakt zu berechnen, grenzt fast schon an Zauberei.

Als Kaiser Justinian im Dezember 537 das fertige Bauwerk in Augenschein nahm, soll er vor Stolz und Freude ausgerufen haben: »Ruhm und Ehre dem Allerhöchsten, der mich für würdig hielt, ein solches Werk zu vollenden. Salomo, ich habe dich übertroffen.« Nicht umsonst galt die Hagia Sophia lange Zeit als »achtes Weltwunder«, zumindest bis zum Bau des Petersdoms in Rom (1506–1626) durfte sie sich rühmen, die größte Kirche der Christenheit zu sein.

Die Wunschspalte

Es gibt übrigens eine Stelle in der Nordwestecke des Hauptsaals der Moschee, die als »Wunschspalte« bekannt ist. Eigentlich ist es nur ein von einer Bronzeplatte umgebenes Loch in einer Säule, die im Volksmund auch »Schwitzende Säule« heißt. Die Legende besagt, dass der Wunsch desjenigen, der seinen Daumen in die Spalte legt und ihn dabei ihm Uhrzeigersinn dreht, in Erfüllung geht.

Die wundertätige oder heilende Wirkung der Spalte soll als Erster Kaiser Justinian erfahren haben, dessen Kopfschmerzen wie durch ein Wunder verschwanden, als er seinen Kopf an besagte Spalte lehnte. Es ranken sich auch noch andere Sagen um diese Stelle, beispielsweise die, dass der Spalt nur den Finger desjenigen wieder freigebe, der nichts zu verbergen habe, also ohne Makel und reinen Gewissens sei, ähnlich wie beim berühmten Relief Bocca della Verità (Mund der Wahrheit) in der römischen Kirche Santa Maria.

HÄTTEN SIE'S GEWUSST?

Glaube und Aberglaube

Bestimmt haben Sie auch schon von der »Hand der Fatima« gehört und sich gefragt, was es damit auf sich hat. Im islamischen Glauben ist sie ein Schutzmittel gegen den »bösen Blick«, das Gefahren abwenden soll. Gleichzeitig gilt die schützende Hand als spirituelles Symbol für Glück. Auch das gläserne blaue Nazar-Amulett, das auf nahezu allen türkischen Märkten angeboten wird, soll den Träger oder die Trägerin vor bösen Blicken, Dämonen, Neid und Missgunst bewahren.

Nicht weit von hier befinden bzw. befanden sich zwei weitere faszinierende steinerne Gebäudekomplexe, die das magische Viereck, das ich gerade voller Begeisterung abgehe, begrenzten: der ehemalige Palastbezirk der byzantinischen Kaiser und der ehemalige Circus Maximus, das Hippodrom. Doch diesen beiden riesigen Prachtbauten ist es ganz anders ergangen als der Hagia Sophia.

Wie oft ist eigentlich Konstantinopel belagert worden – vor 1453? Eine schwierige Frage, denn es waren viele, mehr als 20 mindestens, und es gab drei Rückeroberungen. In den Steinen, die noch übrig geblieben sind, stecken auch der Schmerz, die Angst und der Tod so vieler, die es miterleben mussten.

Streben nach Perfektion

Weiter geht es, auf mich wartet die Sultan-Ahmet-Moschee, besser bekannt als Blaue Moschee und seit 1985 UNESCO-Weltkulturerbe. Weite Rasenflächen, Palmen und Oleanderbüsche säumen meinen Weg Richtung Süden. Dort standen einst die beeindruckenden Gebäude der kaiserlichen Palastanlage, mit der Konstantin schon begonnen hatte, und die Justinian zum Mittelpunkt der damaligen Welt machen wollte. Doch von dieser Pracht ist nichts übrig geblieben, denn die Sultane –

Die Blaue Moschee, erbaut zu Beginn des 17. Jh. als Zeichen osmanischer Macht

nachdem sie Istanbul endlich erobert hatten, bauten sich ihre eigene Palastwelt: das Topkapı Serail, das aber zum Goldenen Horn gewandt war, während die Paläste der Byzantiner (die dort standen, wo heute die Blaue Moschee aufragt) den Blick zum Bosporus freigaben. Man muss sich einmal vorstellen, dass man hier mit jedem Schritt ein Stück Geschichte berührt, teils tief unter der Erde verborgen, Schicht um Schicht. Bei den großen Plünderungen – einmal durch die Kreuzritter, assistiert von den Soldaten aus dem mächtigen Venedig, 1204 und einmal 1453 – schleppten die Soldaten alles, was glänzte oder wertvoll schien, zu ihren Schiffen und Feldlagern, wo es meistbietend verhökert wurde. Der gesamte kaiserliche Komplex wurde nach und nach zerstört, abgerissen, das Material für andere Bauten verwendet oder einfach nur dem Erdboden gleichgemacht. Und darüber ließ Sultan Ahmed von 1609 bis 1616 eine neue Moschee bauen, die natürlich ihre alte Nachbarin, die Hagia Sophia, bei Weitem übertreffen sollte. Ob sie das auch wirklich tut, muss jeder für selbst entscheiden. Als ich jedenfalls durch eines der drei großen Tore den Innenhof betrete, ist der erste Eindruck in der Tat überwältigend: Wie bei einem weiten Kreuzgang säumen Bögen und Säulen und Kuppeln den Vorhof, in dessen Mitte ein großer Brunnen dominiert. Hinter diesen Bogengängen gibt es Suppenküchen, Verkaufshallen, Mausoleen und eine Karawanserei. Und anders als bei der ehemals christlichen Schwester ist die Blaue Moschee von sechs Minaretten flankiert. Auch der Auftraggeber der Moschee, Sultan Ahmed I., fand hier seine letzte Ruhestätte.

NICHT VERPASSEN

Statten Sie doch auch der kleinen Hagia Sophia (Küçük Aya Sofya Camii) im Stadtviertel Eminönü, nahe dem Bukoleon-Palast, einen Besuch ab. Wenngleich viel kleiner, war sie schließlich – optisch unverkennbar – das bauliche Vorbild für ihre »große Schwester« Hagia Sophia, der Hauptkirche des Byzantinischen Reichs. Kaiser Justinian ließ sie zum Gedenken an die frühchristlichen Märtyrer Sergius und Bacchus im Jahr 536 erbauen. Erst ab dem frühen 16. Jh. wurde die orthodoxe Kirche in eine Moschee umgewandelt. Seit der Restaurierung zu Beginn der 2000er-Jahre ist sie wieder für die Öffentlichkeit zugänglich.

Achterbahn der Gefühle

Voller Erwartung betrete ich den alten sakralen Bau und bin sprachlos: Die Weite, die Höhe, die Helligkeit überwältigen den Besucher. Das Licht lässt den ohnehin so riesigen Innenraum noch größer erscheinen und den Betrachter noch mehr schrumpfen. Die Kuppel mit ihren goldenen und kalligrafischen Botschaften scheint schwerelos über dem weiten Boden zu schweben, der mit weichen – in Rottönen gehaltenen – Teppichen bedeckt ist. Schon der bloße Vergleich dieser Raumfülle mit dem der Hagia Sophia macht mich ratlos: Einerseits so ähnlich und dann doch wieder so verschieden präsentieren sich diese beiden Sakralbauten dem Betrachter. Beiden gelingt es jedenfalls, die schnöde Außenwelt aus dem Bewusstsein zu bannen und ganz offen zu werden für so seltene Momente, von denen ich glaube, dass sich so Demut anfühlt. Nicht zuletzt sind es auch die vielen auffallenden blauen und weißen Kacheln, denen der Bau seinen Namen verdankt, die meinen Blick bannen. Angeblich sollen es insgesamt über 20 000 dieser Fayencen sein! In der monumentalen Kuppel und in den oberen Bereichen der Wände verleihen sie mit ihrem Blau den großen Fenstern einen zauberhaften Schimmer.

So viel Anmut und Farbenpracht lässt einfach das Herz vor Freude hüpfen.

Circus Maximus – früher eine gigantische »Spielwiese«

Gleichzeitig geht mir dabei dennoch auch durch den Kopf, dass unter meinen Füßen auch der Boden des ehemaligen kaiserlichen Palastkomplexes war, mit dem Haus der Prätorianer, den Gemächern der Kaiserin Theodora, den Empfangshallen für persische Botschafter und den Innenhöfen und Atrien, in denen Kaiser Justinian über seine Projekte nachgedacht hatte. Auch gab es von hier eine direkte Verbindungssäulenhalle zum Thron des Kaisers im Hippodrom, wo auch die vier Bronzepferde standen, die die Venezianer bei ihrer Plünderung von Konstantinopel 1204 abrissen und nach Venedig schleppten. Dort schmücken sie seitdem das Portal des Markusdoms; zahllose Pixelbilder in der Cloud zeugen davon.

Wenn ich also nun wieder – quasi geläutert an Herz und Seele – ins Freie trete und mich nach Westen wende, breitet sich vor mir eine lange, schmale grüne Fläche von Norden nach Süden aus: Hier weitete sich einmal der Circus Maximus, den Kaiser Konstantin errichten ließ – über 400 m lang und 100 m breit –, hier fand ein großer Teil des städtischen Lebens statt: mit Wettbüros, Logen, Wurstbuden und Sitzplätzen für über 100 000 Zuschauer, die ihre Favoriten mit dem Schlachtruf »Nika, Nika!« anfeuerten. Muss das ein Hexenkessel gewesen sein – so wie heute in einem Fußballstadion, wenn der FC Bayern spielt, oder, um im Land zu bleiben, Galatasaray Istanbul.

532 begann hier auch der sogenannte Nika-Aufstand, bei dem mehr als 30 000 Menschen zu Tode kamen und die Herrschaft Justinians und Theodoras beinahe ein jähes Ende genommen hätte. Heute ist es ein schönes Gelände zum Ausruhen nach so viel Kulturgeschichte und Architektur der Antike und des Mittelalters. Wenn ich von meiner Bank nach Norden blicke, sehe ich dort einen achteckigen überdachten Brunnen mit einer filigran bemalten Decke. Der wurde 1898 errichtet und 1901 eingeweiht: Er erinnert an den Besuch des deutschen Kaisers, war ein Geschenk an Sultan Abdülhamid II. und wurde – in vielen Einzelteilen aus Berlin verschickt – im Jahr 1898 in Istanbul wieder zusammengefügt und aufgebaut. Deshalb heißt er auch Deutscher Brunnen oder Kaiser-Wilhelm-Brunnen.

Königliches Geschenk aus Preußen: der Deutsche Brunnen

Das magische Viereck, das ich nun abgegangen bin – von der Zisterne zur Hagia Sophia und von der Blauen Moschee zum Hippodrom – hinterlässt eine Fülle von Impressionen und Gefühlen. Nehmen Sie sich daher für diesen kulturhistorischen Spaziergang genügend Zeit und auch Raum zum

Nachwirken. Schließlich befindet man sich an solchen historischen Orten wie in einer anderen Welt, zwar längst vergangen, aber doch weiter in uns fortwirkend.

Kleine Stärkung gefällig?

Durch diesen doch recht langen Marsch mit all den faszinierenden Eindrücken habe ich darüber beinahe mein leibliches Wohl vergessen. Kurzum, mein Magen beginnt leise, aber nachdrücklich zu knurren. Wie gut, dass es gleich um die Ecke ein gutes und sehr bekanntes »Köfte«-Restaurant gibt, das ich auch bei Dreharbeiten gern und oft besuche: das Sultanahmet Köftecisi. Besonders die köstlichen Sultan-Ahmet-Köfte sollte sich hier niemand entgehen lassen. Wer wissen möchte, wie echte türkische »köfte« schmecken, ist hier an der richtigen Adresse. Einen Nachtisch hole ich mir danach auf der Straße, denn überall hier gibt es Straßenhändler, die wunderbares »dondurma« anbieten. Sie verkaufen das Eis nicht einfach, sondern treiben allerlei Späße damit. Sie halten das Eis am Ende einer langen Stange und necken den Käufer damit, indem sie so tun, als würden sie es ihm geben, bis sie ihm die Eistüte endlich in die Hand drücken. Das Eis besteht übrigens aus Milch, Mastix und Salep (ein stärkehaltiges Pulver aus den Knollen einer Orchidee), das ihm eine klebrige Konsistenz verleiht. Angerührt wird es in großen Blechschüsseln vor Ort. Der Geschmack versetzt mich jedes Mal in meine Kindheitstage zurück.

Türkische Eisverkäufer: immer für einen Spaß zu haben

Um den Tag abzurunden und weil ich gerade in der Nähe bin, statte ich nun noch dem zauberhaften kleinen Arasta Basar einen Besuch ab.

In der historischen Altstadt geht es tagsüber natürlich recht betriebsam zu: Händler, Käufer, Passanten, Touristen – alle sind sie unterwegs. Auch ich lasse mich durch die malerischen Gässchen treiben. Der Basar ist nicht groß, er umfasst rund 40 Läden ganz unterschiedlicher Art. Das Basargelände wurde im 17. Jh. ursprünglich als Stallungen für die Pferde der osmanischen Herrscher erbaut. Erst seit den 1980er-Jahren haben sich hier Läden etabliert, die schöne und nützliche Dinge feilbieten: handgefertigten Schmuck ebenso wie Keramik, die das Auge erfreut, oder Tee und Gewürze. Auch in den Straßen rund um den Basar gibt es etliche exklusive Geschäfte, wo man auf der Suche nach einem hübschen Mitbringsel fündig wird.

Wie im Märchen »Die Prinzessin auf der Erbse«: Nur das Beste ist gut genug.

Wem der Sinn eher nach Rasten, Relaxen und Wellness steht, für den habe ich ebenfalls einen Tipp. Es gibt hier, unweit der Hagia Sophia, ein historisches Badehaus, das Haseki Hürrem Sultan, das auf Initiative der Gemahlin von Sultan Süleyman I. erbaut wurde. Ihr Lebenslauf liest sich ungewöhnlich, da sie nicht nur von einer Sklavinnen-Konkubine zur Haupt-Ehefrau des Sultans aufgestiegen ist, sondern ihm später sogar noch eine Beraterin in politischen Belangen wurde – für die damalige Zeit nahezu undenkbar! Aus der Korrespondenz zwischen ihr und dem polnischen König (aus dem Jahr 1548/49) geht hervor, dass sie für den Sultan sogar gelegentlich eine Rolle als diplomatische Vermittlerin eingenommen hat. Allerdings gehen auch etliche Intrigen auf das Konto der Lieblingsgemahlin, die in der Konsequenz zu Exekutionen enger Berater des Sultans geführt haben. Der von Haseki Hürrem Sultan erbaute Hamam wurde über den noch bis zum Jahr 1536 stehenden byzantinischen Zeuxippos-Bädern errichtet. Sie betreten also abermals geschichtsträchtigen Boden.

Und noch mehr Moscheen ...

Istanbul soll über 3000 Moscheen besitzen, angeblich gibt es fast in jeder Straße eine. Ich kann es nicht bestätigen, da ich sie nie gezählt habe. Gern möchte ich aber noch einige von ihnen beim Namen nennen, die mich wegen ihrer Bauweise oder Schönheit fasziniert haben. Hier nur kurz erwähnen will ich die größte Moschee des Landes, die Çamlıca Moschee. Ich werde beim Thema Architektur (s. S. 84) noch gesondert auf sie

Çamlıca Moschee: Mit Platz für 63 000 Gläubige das größte Gebetshaus im Land

HÄTTEN SIE'S GEWUSST?

Kein Ausschank von Alkohol

Für Besucher wichtig zu wissen: In einem Umkreis von 100 m um eine Moschee oder eine Schule ist der Verkauf von alkoholischen Getränken verboten. Auch auf öffentlichen Plätzen und in Parks ist das Trinken von Alkohol seit 2013 nicht mehr gestattet. Das umstrittene Alkoholgesetz führte bereits wiederholt zu Demonstrationen von Menschen, die eine Islamisierung der Türkei angeprangert hatten.

eingehen. In Eminönü, unweit des Gewürzbasars, ragt die Neue Moschee auf, die, wie ihr Name schon verrät, neueren Datums ist und in den 1960er-Jahren gebaut wurde. Sie ist ein viel fotografiertes Touristenmotiv und besticht durch ihr hohes Gewölbe mit filigranen Buntglasfenstern, durch farbenprächtige Fliesen sowie ihre bildschöne Inneneinrichtung.

Von ungewöhnlicher Schönheit ist die ebenfalls im Stadtteil Eminönü, wenngleich etwas versteckt gelegene Rustem-Pascha-Moschee, erbaut vom großen osmanischen Architekten Mimar Sinan, der jedoch zwei Jahre vor der Vollendung des Gebäudes starb. Eine Besonderheit im Inneren sind die handgefertigten Iznik-Fliesen mit ihren floralen oder geometrischen Motiven. Die erste Moschee wiederum, die in Istanbul gebaut wurde, ist die Fatih-Moschee im gleichnamigen Stadtviertel. Benannt nach Sultan Mehmet II. Fatih, der seinerzeit Konstantinopel eroberte und in dieser Moschee seine letzte Ruhestätte gefunden hat. Zehn Jahre nach der Eroberung (1463) wurde mit den Bauarbeiten begonnen, die sieben Jahre andauerten. Ein beeindruckendes Zeugnis osmanischer und barocker Architektur hingegen ist die Ortaköy-Moschee im Stadtteil Beşiktaş, ein Kuppelbau mit vier Ecktürmen und zwei Minaretten in wunderschöner Lage am Hafen, den man auch bei einer Bootstour vom Wasser aus bewundern kann (s. S. 40). Besonders bei Sonnenauf- oder -untergang ist sie obendrein ein zauberhaftes Fotomotiv. Und last but not least gibt es noch ein ungewöhnliches Moscheen-Juwel der zeitgenössischen Art, dem ich meine ungeteilte Aufmerksamkeit ebenfalls im Kapitel Architektur (s. S. 84) schenken werde: die Şakirin-Moschee. Freuen Sie sich auf dieses Kleinod!

Was?

In dieser Rubrik finden Sie Tipps und nützliche Informationen zu Sehenswürdigkeiten in der historischen Altstadt, darunter Moscheen, Kirchen, die Zisterne sowie die einstige Pferderennbahn. Und nach so viel Kulturerleben empfehle ich auch einige Orte zum Rasten und Genießen, Schauen, Shoppen und Schmausen.

SEHENSWERT
Wo und wann?

Blaue Moschee (Sultan-Ahmet-Moschee)

Erbaut vom Sinan-Schüler Mehmet Ağa (1609–1616), gilt sie als Hauptwerk der osmanischen Architektur. Bitte vor dem Betreten die Schuhe ausziehen. Frauen müssen Schultern, Oberarme und auch ihr Haar verdecken. Tücher können am Eingang erworben werden.

- Binbirdirek, At Meydanı Cd. No. 10
  34122 Fatih
  istanbul-tourist-information.com/gotteshaus/moscheen/blaue-moschee
  www.ktb.gov.tr/EN-113785/sultanahmet-blue-mosque.html
  Tgl. geöffnet, Besuch nur außerhalb der Gebetszeiten (fünfmal am Tag) und nicht nach dem Freitagsgebet
  Eintritt frei, Spende gern gesehen

Cisterna Basilica (Yerebatan-Zisterne oder Versunkener Palast)

Ihren Namen verdankt die spätantike Zisterne einer Basilika, die sich vor ihr an diesem Standort befand. Eine der beeindruckendsten antiken Anlagen, in Auftrag gegeben von Kaiser Konstantin. Heute finden hier auch Lichtshows statt.

- Alemdar, Yerebatan Cd. 1/3
  34110 Fatih
  Tgl. 9–19 Uhr, Online-Reservierung wird empfohlen

Hagia Sophia

Die ehemalige byzantinische Kuppelbasilika zur hl. Weisheit wird seit 2020 (und auch schon von 1453–1935) wieder als Moschee benutzt. Sie gilt als bedeutendstes Bauwerk der frühbyzantinischen Architektur und war seit 641 die Krönungskirche der byzantinischen Herrscher. Nach dem Besuch lädt das Museumscafé zu Kaffee und Snacks im Außenbereich an. Und im Souvenirladen findet sich hübsche Erinnerungsstücke und andere Mitbringsel.

- Sultan Ahmet
  Ayasofya Meydanı No. 1
  34122 Fatih
  Die Moschee kann nur außerhalb der Gebetszeiten besucht werden. Vorschriften siehe Blaue Moschee
  Eintritt frei

Hippodrom (Circus Maximus)

Wo einst Pferderennen und andere sportliche Wettkämpfe veranstaltet wurden, erstreckt sich heute der Sultan-Ahmed-Platz. Nur noch wenige Spuren zeugen vom einstigen sportlichen Zentrum Konstantinopels.

- Binbirdirek, Sultan Ahmet Parkı No. 2, 34122 Fatih

Şakirin-Moschee

Erbaut von der Semiha Şakir Stiftung zum Gedenken an die Unternehmer Ibrahim und Semiha Şakir.

- Karacaahmet Friedhof
  Barbaros, Nuhkuyusu Cd. No. 2
  34662 Üsküdar
  ayasofyamuzesi.gov.tr

ESSEN UND TRINKEN
Wo und wann?

Sultan Ahmet Köftecisi

Kommissar Özakin von der »Mordkommission Istanbul« kommt gern hierher, wenn ihn wieder mal der Appetit auf »köfte« überkommt.

- Hırka-i Şerif, Prof. Naci Şensoy Cd. 22/A, 34091 Fatih

EINKAUFEN
Wo und wann?

Arasta Basar

Nahe der Blauen Moschee lädt dieser kleine Basar zum Kauf ein. Es gibt Kunsthandwerk, Keramik, Gewürze, Teppiche und die obligatorischen »Turkish Delights«.

- Sultan Ahmet
  Mimar Mehmet Ağa Cd. No. 2
  34122 Fatih
  Tgl. 9–19 Uhr

WELLNESS
Wo und wann?

Haseki Hürrem Sultan Bad

Ein historisches Badehaus, erbaut auf Wunsch der Gemahlin von Sultan Süleyman I. Heute ein exklusives Wellness-Center mit Hamam, Sauna und Pool.

- Cankurtaran
  Ayasofya Meydanı No. 2
  34122 Fatih
  www.hurremsultanhamami.com
  Tgl. 8–22 Uhr

Wellness in Reinform bietet das Haseki-Hürrem-Sultan-Badehaus.

Architektur und Design

Denkt man an Architektur in Istanbul, dann fallen einem natürlich sofort die Paläste, Moscheen und Festungen aus byzantinischer und osmanischer Zeit ein. Außerdem die prächtigen Yalı-Häuser aus dem 16./17. Jahrhundert, die vor allem am Ufer des Bosporus aufragen. Doch Istanbul kann auch modern!

Mit Blick auf die Architektur könnte der Kontrast in Istanbul nicht größer sein. Dort die geschichtsträchtigen Bauten, mitunter mit weiteren Schätzen aus unterschiedlichen Epochen unter den Bodenplatten, und hier die Wolkenkratzer, die sich mit ihrer spacigen Architektur gegenseitig überbieten. Istanbul ist eine Stadt der Gegensätze, und das gilt für nahezu für alle Bereiche.

Prägnante Beispiele dieser Avantgarde sind eine Reihe von auffallenden Wolkenkratzern, Mega-Sportstadien, gigantische Malls oder die modernste Moschee der Welt. Mit Letzterer, der Şakirin-Moschee, möchte ich auch beginnen. Diese stilvolle Moschee in Üsküdar auf der asiatischen Seite beeindruckt nicht nur durch ihre kreative Architektur und ihr feminin-filigranes Innenleben, sie weist noch eine andere Besonderheit auf: Sie ist das erste Gebäude dieser Art, das von einer Frau entworfen wurde. Doch wer ist diese Zauberin, die diese anmutige Moschee gestaltet hat? In wenigen Worten: Sie heißt Zeynep Fadıllıoğlu, wurde 1955 in Istanbul geboren und leitet seit mehreren Jahren sehr erfolgreich ein international tätiges Büro für Architektur- und Innenarchitektur.

Modernstes Gebetshaus der Türkei

Wenn man die Şakirin-Moschee betritt, ist sofort die ruhige, positive Energie zu spüren, die sie ausstrahlt. Auch an Eleganz ist das Innere kaum zu übertreffen. Ein Design aus filigranen Mustern, goldenen Kalligrafien, tropfenförmigen Glaskugeln, die an dem kreisrunden Kronleuchter von der Decke hängen, und einem türkisfarbenen großen Bogen, der wie ein Tor anmutet, verleihen ihm eine weibliche, harmonische Note. Man fühlt sich hier sofort wohl. Die Kombination aus Weiß, Orange,

Ein Glücksfall: In der Şakirin-Moschee wohnen Anmut und Demut unter einem Dach.

Türkis und Gold – Farbtöne, in denen die gesamte Moschee gehalten ist – wirkt einladend und frisch. Am Tag wird die Moschee durch ihre großen offenen Glasseiten, die mit einem filigranen Gittermuster versehen sind und dadurch eine gewisse Diskretion bewahren, von Licht durchflutet. Neben der Moschee erstreckt sich ein großer Friedhof, der Karacaahmet, auf dem auch mein Vater begraben ist. Ebenfalls hier ruht das Unternehmer-Paar Ibrahim und Semiha Şakir, zu dessen Gedenken die Moschee erbaut worden ist.

Von der Aussichtsplattform des 261 m hohen Saphire Tower bietet sich ein grandioser Blick über das Finanzviertel Levent mit seinen Wolkenkratzern.

Von Saphiren und anderen Juwelen

Was niemand vermutet: Istanbul gehört weltweit zu den Städten mit den meisten Wolkenkratzern. Und täglich kommen neue dazu. Wenn man auf der Autobahn durch die Stadt fährt, wirken die gigantischen Gebäude links und rechts der Fahrbahn beinahe surreal. Der Sapphire of Istanbul im Finanzviertel Levent, der sich mit seinen 66 Stockwerken und 261 m Höhe bis 2011 lange Zeit mit dem Titel »höchstes Gebäude im Land« schmücken durfte, beinhaltet neben zahlreichen Luxuswohnungen auch einen Golfplatz (in 163 m Höhe!), eine Shoppingmall und eine Aussichtsplattform mit Traumblick auf den Bosporus. Auch wenn der »Saphir« mit modernster Technik ausgestattet ist, wurde er nach ökologischen Kriterien erbaut und gilt als umweltfreundlichstes Hochhaus der Türkei. Genutzt wird es für gewerbliche Zwecke. Der markante Rönesans Tower auf der asiatischen Seite im Stadtteil Ataşehir wiederum beeindruckt durch seine elegante Form, die ein wenig einem Diamanten ähnelt.

Größer, höher, weiter

Zu den höchsten Gebäuden Istanbuls darf sich auch der Skyland Office Tower zählen, der gemeinsam mit dem Skyland Residential Tower einen ultramodernen Hochhauskomplex bildet. Der 293 m hohe Office Tower beherbergt ausschließlich Büroeinheiten. Der Residential Tower hingegen steht, wie das Wort schon sagt, für Wohnraum. Es ist schwierig, hier ein höchstes Gebäude zu benennen, da die Wolkenkratzer immer höher und futuristischer werden und sich ständig an Größe und Extravaganz überholen. Ein weiteres architektonisches Wunderwerk ist die Çamlıca-Moschee. Mit Platz für rund 63 000 Gläubige ist sie das größte Gebetshaus der Türkei. Das riesige Gebäude umfasst neben der Moschee eine Kunstgalerie, ein Museum, einen Konferenzsaal und eine Bibliothek. Wenn man schon dabei ist, sich mit Superlativen zu schmücken, muss natürlich auch das Atatürk-Olympiastadion im Stadtteil Başakşehir genannt werden, dessen Dach einem Halbmond nachempfunden ist. Schließlich ist es mit Platz für mehr als 75 000 Zuschauern das größte Sportstadion der Türkei. Hier werden nicht nur die Spiele der türkischen Fußball-Nationalmannschaft, sondern auch Leichtathletikwettwerbe ausgetragen.

Seit 2023 neues Glanzlicht der Kunstszene: Istanbul Modern

5

Schatzkammer der Kulturen

Moderne Kunst am Bosporus,
wirbelnde Derwische
und die Seekarte des Piri Reis

Zeitreise durch die Jahrtausende

Istanbuls Museenlandschaft gleicht einer Schatzkammer wie aus einem Märchen. Von byzantinischer und osmanischer Kunst, sakralen Schätzen, Grabstelen, Waffen, Schmuck, Fayencen, Porzellan, kostbaren Teppichen bis hin zu maritimen Exponaten reicht die Palette.

Büste der griechischen Dichterin Sappho im Archäologischen Museum

Unendlich viel Zeit könnte man in den überbordenden Museen und Kunsttempeln der Stadt verbringen, um die Schönheiten und Kostbarkeiten zu bestaunen und würde immer noch etwas Neues, Besonderes, Einzigartiges finden.

Mein Weg führt mich wie viele andere Besucher als Erstes ins Archäologische Museum, wo ich mich auf eine Art Zeitreise begebe. In der Antikensammlung nahe dem Eingang empfangen mich Skulpturen aus der Antike, darunter eine Büste der griechischen Dichterin Sappho. Und natürlich werde ich dort gleich von einem unglaublichen Schwergewicht begrüßt: dem Alexander-Sarkophag in Saal 8, mit Abbildungen, die vermutlich Alexander den Großen zeigen. Meinem Helden, der mich als Kind schon beeindruckt hat. Diese Ausmaße! In welchem Steinbruch wohl dieser Brocken damals aus dem Felsen gehauen wurde? Und schon geht meine Fantasie mit mir durch, katapultiert mich in die alexandrinische Epoche nach Sidon (Libanon): Denn dort wurde dieses Prachtstück ausgegraben. Immer wieder umkreise ich diesen steinernen »Tempel« – diese Grabkammer ist wirklich wie ein griechischer Tempel geformt, der einmal als Grablege eines mächtigen Satrapen – ein Statthalter im antiken Perserreich – gedient haben muss. Wer hat ihn in Auftrag gegeben, wer waren die begabten Steinmetze, wie lange haben sie wohl daran gearbeitet? Fragen über Fragen, die mir bei dem Anblick durch den Kopf gehen. Wer stand damals um diesen Sarkophag trauernd herum, als die Beerdigungsfeier in Sidon stattfand? In einem Tagtraum lasse ich mich zu ihnen hintreiben; ein kleiner Junge neben mir bestaunt gerade das Relief mit der »Pantherjagd« auf der Seite des Sarkophags. Für die großen Reden, die gerade auf den Toten gehalten werden, fehlt ihm die Zeit zuzuhören. »Welche Schlacht ist das denn?«, fragt mich der kleine Mann voller Neugier, als er Alexander mit seiner Löwenfellhaube zu Pferd im Kampf erkennt? »Äh, oh, mhm – wahrscheinlich Gaugamela« (Assyrien), erwidere ich spontan. »Ah ja, dachte ich mir doch«, antwortet der Kleine neben mir.

Die Lebendigkeit des kalten Steins

Da bin ich aber auch schon wieder aus meinem Tagtraum ausgestiegen, lasse mich einfach von der Bilderflut von Saal zu Saal treiben. Steingewordene Glaubenswelten stehen am Weg: Kämpfe der Griechen mit Amazonen – klar, was sollte sonst auf einem Fries eines Artemis-Tempels erzählt werden? Vor lauter Reflektieren bin ich inzwischen in Saal 3 angelangt, umgeben von Reliefs und Grabstelen, darunter dem Sidamara-Sarkophag. Und mein Staunen will einfach nicht enden: In Saal 1 – ganz am Ende der Saalfluchten – halten mich eine Artemis- und eine Nike-Statue gefangen. Unwillkürlich muss ich an die Anfeuerungsrufe im nahen Circus Maximus denken, wo die Grünen, die Blauen,

Aus hellenistischer Zeit: der marmorne Alexander-Sarkophag aus Sidon

die Roten und die Weißen ihre Gespanne mit dem Schlachtruf »Nika, Nika!« zum Sieg schreien wollten. Die Siegesgöttin Nike. Unwillkürlich halte ich Ausschau nach Sneakers der gleichnamigen Marke in fußläufiger Entfernung. Machen die hier Schleichwerbung für die Göttin? Wohl kaum. Ich frage mich aber gelegentlich schon, ob sich all die Götter und Göttinnen, Halb- und Schutzgötter, Götterboten und sonstige mythologischen Heroen heute im 21. Jh. wirklich so dargestellt sehen möchten: als Werbeikonen für hippe Turnschuhe, Putzmittel, Fußballvereine, Versicherungen, Zeitschriften oder Wundcreme für zarte Babyhaut? Aber bekanntlich haben Götter ja Humor.

Dass wir alle an dieser geschichtlichen Nabelschnur hängen, ist vielen sicher heute nicht mehr selbstverständlich.

Auf dem Rückweg – hinüber auf die andere Seite, wo die Säle 9 bis 20 geduldig auf mich warten – bleibe ich noch einmal in Saal 3 stehen, um den Sidamara-Sarkophag erneut zu bestaunen. 1950 bei Konya entdeckt, aus dem 3. Jh. n. Chr. Hier ist der Grabdeckel nicht mehr wie ein Tempeldach geformt, sondern wie eine Liege, auf der das Ehepaar, das im Sarkophag beigesetzt wurde, zu schlafen scheint. Was für eine Steinmetz-Kunst! Und gleichzeitig diese Lebendigkeit des kalten Steins. Es war wohl ein Philosoph, der seine Frau als Demeter und seine Tochter als Artemis mit in Stein fassen ließ. Wie zu vielen Ausstellungsstücken gibt es auch zum Sidamara-Sarkophag eine Geschichte. Ursprünglich gehörte zum Grabschmuck der Kopf eines Eros, der aber hatte sich vom Sarkophag gelöst und verselbstständigt, und war schließlich 1882 von einem britischen Militär in Anatolien gefunden und in London dem heutigen Victoria and Albert Museum übergeben worden. Der Sarkophag wiederum wanderte ins Archäologische Museum nach Istanbul. So far so good. Und dann fiel doch tatsächlich einem offenbar weitgereisten und sehr versierten Besucher in London die starke Ähnlichkeit des Eros-Kopfes mit dem Stil des Sarkophags in Istanbul auf. Das wiederum führte zu Nachforschungen und schließlich zu einer ausgesprochen konstruktiven Zusammenarbeit beider Museen. Das Happyend: Seit 2022 – über 140 Jahre nach dem Fund – sind Sarkophag und Kopf des Eros wieder glücklich im Archäologischen Museum Istanbul vereint, und ich bin Augenzeuge dieser Erfolgsgeschichte!

Alle Sinne sind gefordert – denn es warten noch viele weitere Säle auf mich. Staunend stehe ich in Saal 15 vor einer bildschönen Jünglingsstatue (dem sogenannten Knaben von Tralles): wie er schon dasteht, das linke Bein lässig über das rechte geschlagen, als ob er nur kurz auf jemanden warten würde! Wie eine Momentaufnahme, nur eben in Stein und 2000 Jahre alt! Und in Saal 20 – im Byzantinischen Saal – finde ich mich schließlich vor zwei Marmorsockeln wieder, die einst – ganz in Bronze – den berühmten Porphyrios, den Wagenlenker im Hippodrom, trugen. »Nika, Nika!«

Nun will ich aber auch noch ins Altorientalische Museum! Denn dort wird die historische Nabelschnur noch einmal besonders deutlich: In Saal 5 stehe ich vor dem Kodex von Hammurabi, dem ältesten Gesetzbuch der Welt. Gleichzeitig geht mir dabei die Erinnerung an den

Anmut in Stein gemeißelt: Statue eines jungen Athleten – der »Knabe von Tralles«

Das Fayencenschlösschen, erbaut von Mehmet dem Eroberer im 15. Jh.

»Codex Justinianus« durch den Kopf, den Kaiser Justinian hier in Konstantinopel im 6. Jh. aufschreiben ließ. Rechtssicherheit – ein hohes Gut der Menschen, schon so lange. Ein weiteres Highlight dort ist die berühmte Nippur-Elle, ein in Mesopotamien gefundener Maßstab, kurzum das Ur-Maß einer Längeneinheit, das immerhin stattliche 45 kg wiegt.

Fliesen, Fayencen, Mosaiken

Zu guter Letzt statte ich noch dem Fayencenschlösschen (Çinili Köşk) eine Stippvisite ab, dessen Errichtung Mehmed dem Eroberer zu verdanken ist. Zu bestaunen sind hier osmanische und seldschukische Keramik aus neun Jahrhunderten. Mein Augenmerk gilt dem Raum mit den berühmten Iznik-Fliesen und den daraus gefertigten Kunstwerken. Bekanntestes Ausstellungsstück ist ein Mihrab (Gebetsnische) aus einer Moschee im anatolischen Karaman. Das Gebäude selbst diente dem Sultan im 15. Jh. als Lustschlösschen und ist innen wie außen mit den filigranen Iznik-Fliesen verziert, die mir vorhin schon ins Auge gestochen sind.

Hierher werde ich noch öfter kommen, nehme ich mir vor, als ich wieder ins grelle Licht zwischen Goldenem Horn und Bosporus trete. Da mein Kopf ohnehin noch voll von Fliesen und Keramiken ist, möchte ich Ihnen zu dieser Thematik noch das kleine, aber feine Mosaikenmuseum (Büyük Saray Mozaikler Müzesi) ans Herz legen. Es befindet sich beim Arasta Basar, unweit der Blauen Moschee, und zeigt gut erhaltene Exponate mit Natur- oder Jagdmotiven aus spätantiker Zeit, darunter ein Bodenmosaik aus einem Palast (vermutlich 6. Jh.), wie man es nicht alle Tage zu Gesicht bekommt. Nur 500 m weiter, im Ibrahim-Pascha-Palast, weckt das Museum für türkische und islamische Kunst (Türk ve İslâm

Eserleri Müzesi İbrahim Paşa Saray) erneut mein Interesse. Mit rund 40 000 Kunstwerken zum überreichen Erbe der islamischen Welt darf es sich zu Recht rühmen, die größte Sammlung davon weltweit zu besitzen, darunter Gemälde, Steinmetzkunst, Teppiche, Fayencen, kostbare Miniaturen …) aus dem 7. bis zum 20. Jh.

Erinnern Sie sich noch an die eiserne Kette, die sich ums Goldene Horn spannte und von der ich Ihnen während der Sunset Bootstour (s. S. 33) erzählt habe? Über viele Jahrhunderte versperrte diese Barriere vom Meer her kommenden Eindringlingen den Weg und verhinderte Invasionen auf Konstantinopel, bis dann – im Jahr 1453 – die Stadt fiel, der Rest ist bekannt. Diese berühmte Hafenkette kann heute im Militärmuseum (Askerî Müze ve Kültür Sitesi Komutanlığı) besichtigt werden, auch historische Gemälde und Wachsfiguren beleuchten das dramatische Geschehen. Auf mehreren Stockwerken warten hinter Glas martialische Exponate, alle erzählen vom Kriegsgeschehen, von Militär und Waffen. Da gibt es Fahnen, Panzerschilder, Lanzen, Dolche, Pistolen, Schwerter – darunter die 14 Schwerter von Sultan Süleyman dem Prächtigen. Ein

NICHT VERPASSEN

Bestimmt haben Sie schon vom Tanz der Derwische gehört, einer traditionellen Zeremonie im Sufismus. Dieses meditative Ritual dient dazu, zu neuen Erkenntnissen zu gelangen, indem der Geist zur Ruhe und in Einklang mit dem Göttlichen gebracht wird. Im Untergeschoss des Galata Mevlevi Museums, einem Ort der Ruhe im Trubel der Altstadt, können Besucher dieser Zeremonie beiwohnen und die wirbelnden Derwische hautnah erleben. In dem kleinen Museum erfährt man Näheres zum Sufismus, zu den Trance erzeugenden Tänzen sowie zum Turban und seiner Bedeutung.

- muze.gen.tr/muze-detay/galatamevlevi

Saal widmet sich dem Staatsgründer und zeigt die umfangreiche Sammlung von Dingen, mit denen sich Mustafa Kemal Atatürk umgeben hat. Richten Sie es am besten so ein, dass Sie am Nachmittag hier sind, denn zwischen 15 und 15.45 Uhr täglich kommen Besucher in den Genuss der Mehter-Kapelle, der temperamentvollen Musik der Janitscharen. So hörte es sich also an, wenn der Sultan und seine Soldaten, flankiert von einer Militärkapelle und Marschmusik in den Krieg zogen. Das Militärmuseum liegt übrigens außerhalb der historischen Altstadt, nördlich des Taksim-Platzes, im Stadtteil Harbiye.

Ebenfalls etwas abseits abgelegen, in Hasköy, wartet auf dem Areal einer alten Werft in einem schön restaurierten Gebäude das Technikmuseum (Rahmi M. Koç-Museum). Wer also ein Technikfreak ist und sich für Motoren, Flugzeuge, Schiffsmodelle, Oldtimer und Eisenbahnwaggons aus unterschiedlichen Epochen begeistert, ist hier am richtigen Fleck. Sogar ein U-Boot aus dem Zweiten Weltkrieg gibt es in diesem sehr gut aufbereiteten Privatmuseum zu sehen.

Im Dolmabahçe-Palast im Viertel Beşiktaş hat sich das Museum der Palastsammlungen (Saray Koleksiyonları Müzesi) etabliert. Es zeigt Alltagsutensilien aus Sultanspalästen wie edle Teppiche, Vasen, Kronleuchter und silberne Kerzenständer, aber auch Triviales wie Küchengeräte. Geld spielte bei der Palast-»Deko« früher offenbar keine große Rolle, wovon die Mengen an Gold und Silber in dieser Sammlung zeugen. Es geht hier keineswegs um Gramm, sondern um Tonnen! In direkter Nachbarschaft des Museums der Palastsammlungen gibt es mit dem Marinemuseum (Deniz Müzesi) eine weitere Wissensstätte, die große Faszination ausübt. Viele maritime Exponate wie Ruderboote, Navigationsgeräte und Seekarten dokumentieren die Geschichte der osmanischen Marine. Ein eigenes Kapitel ist dem Flottenadmiral Piri Reis (1470–1553) gewidmet. Nicht nur, dass er ein bemerkenswertes Buch über die Seefahrt im Mittelmeer verfasst hat, er betätigte sich auch als Kartograf und hinterließ viele gezeichnete Karten. Eine auf Pergament aus Kamelhaut erstellte Karte des Zentralatlantiks von 1513 (erst 1929 entdeckt!) erlangte Berühmtheit und gehört seit einigen Jahren zum Dokumentenerbe der UNESCO. Die Karte des Piri Reis ist allerdings nicht im Marinemuseum ausgestellt, sondern im Topkapı-Palast (s. S. 54).

Moderne Zeiten

Istanbuls bewegte Geschichte, bei der es um nicht weniger geht als um Aufstieg und Fall der Hauptstadt des Byzantinischen Reiches, und die eine unendlich lange Zeitspanne füllt, verführt einen dazu, in der Vergangenheit verweilen zu wollen. Und gerade deshalb wird es jetzt Zeit für einen Ausflug in die Neuzeit. Was wäre da besser geeignet als ein Besuch im Kunstmuseum Istanbul Modern. Nach fünfjähriger Bauzeit neugestaltet und im Mai 2023 wiedereröffnet! Sein Standort: die Uferpromenade im angesagten Viertel Karaköy. Gleich daneben liegt der Kreuzfahrtterminal Galataport mit einladenden Restaurants, Cafés und schicken Läden. Der malerische Pier verlockt nach dem Museums-

Neben schicken Läden und Cafés hat der trubelige Galataport mit dem Museum Istanbul Modern nun auch einen kunstsinnigen Nachbarn bekommen.

besuch zu einem stimmungsvollen Spaziergang am Wasser. Zuvor widme ich mich jedoch dem Kunstgenuss, hier der zeitgenössischen Kunst (ab 1945) von einheimischen und internationalen Künstlern, die auf einem Areal von mehr als 10 000 m² eine breite Palette abdecken. Diese reicht von Malerei und Fotografie über Design und bildende Kunst bis hin zu Video- und anderen Installationen. Schon dem Museumsbau ist anzusehen, dass hier ein Könner am Werk war, und zwar kein Geringerer als der italienische Architekt Renzo Piano.

Dass das nahe Meer den Architekten inspiriert, vielleicht sogar beflügelt hat, ist nicht zu übersehen.

Der lang gestreckte Bau mit fünf Etagen – zwei drunter und drei drüber (der Erde) – wirkt auf den Betrachter wie der Korpus eines Containerschiffsriesen. Mehrdimensionale Aluminiumpaneele, die an glänzende Fischschuppen erinnern – man ist hier schließlich in einer Hafengegend! – bringen die Außenhülle der Fassade zum Glitzern, was sich je nach Sonnenstand und Lichteinwirkung noch intensiviert.

Kunst, wohin das Auge blickt, auch vor dem Museumsbau, wo Skulpturen den Besucher willkommen heißen. Eine der bekanntesten ist das 6 m hohe weiße Kunstwerk »Runner«, eine langfristige Leihgabe des britisch-deutschen Künstlers Tony Cragg, ehemals Rektor der Kunstakademie Düsseldorf. Im Treppenhaus hat sich ein weiterer »moderner Zauberer« verewigt, einer, der auf der ganzen Welt zu Hause ist. Der dänische Künstler Ólafur Eliasson lässt dort seine dreiteilige Kugel-Installation »Your Unexpected Journey« (»Deine Unerwartete Reise«) in der Luft schweben, spielt dabei mit Lichteffekten – und nebenbei mit den Sinnen der entzückten Besucher. Neben den Ausstellungssälen gibt es im Untergeschoss ein großzügig gestaltetes Auditorium, im Erdgeschoss eine Museumsbibliothek, dazu Veranstaltungsräume, Foto- und Pop-up-Galerien, Café, Museumsshop und nicht zuletzt eine tolle Außenterrasse mit Meerblick. Am besten, Sie überzeugen sich selbst von diesem neuen Hotspot.

Sollten Sie danach noch aufnahmefähig sein, was ich nach der Fülle an konsumierter Kunst im Istanbul Modern stark bezweifle (aber man kann ja ein anderes Mal wiederkommen!), dann verpassen Sie nicht den neuen Nachbarn des Istanbul Modern, das staatliche Museum für Malerei und Skulpturen (Istanbul Resim Ve Heykel Müzesi). Auch hier war beim Umbau ein Meister seines Fachs am Werk, nämlich der bekannte türkische Architekt Emre Arolat, Professor der Internationalen Architektur-Akademie und Gewinner mehrerer Preise wie des Preises der EU für zeitgenössische Architektur. Acht Jahre dauerte die Umwandlung eines Lagerhauses aus den 1960er-Jahren in einen Kunsttempel

Magie? Im Museumsfoyer hat sich Lichtzauberer Ólafur Eliasson mit einer Kugelinstallation verewigt, die frei im Raum zu schweben scheint.

HÄTTEN SIE'S GEWUSST?

Sinfonie in Blau

So heißt ein Werk des über die Landesgrenzen hinaus bekannten Malers und Fotografen Burhan Doğançay (1929–2013), dessen künstlerisches Vermächtnis das Doğançay-Museum in Beyoğlu bewahrt. Sein Gemälde »Sinfonie in Blau« wurde 2009 auf einer Istanbuler Auktion für 1,29 Mio. Euro versteigert, der höchste Preis, der jemals in der Türkei für ein Bild erzielt wurde. Erstanden hat es der milliardenschwere türkische Unternehmer und Kunstsammler Murat Ülker.

- dogancaymuseum.org

im angesagten Industrie-Outfit. Diese lange Bauzeit war allerdings dem Umstand geschuldet, dass die Finanzierung des ambitionierten Projekts immer wieder ins Stocken geriet. Das Ergebnis kann sich jedenfalls sehen lassen. Auch die zum Einsatz gekommenen Materialien wie Beton, Stahl, Glas und Metallblech setzen Akzente und betonen die beabsichtigte Industrie-Ästhetik.

Architekt Arolat hat seine Aufmerksamkeit selbst klitzekleinen Bestandteilen geschenkt und beispielsweise die im Lauf der Jahre verloren gegangenen oder beschädigten Mosaiken an der Fassade des einstigen Lagerhauses mit viel Sorgfalt und Liebe zum Detail wieder herstellen lassen. Im Inneren des Museums warten nun rund 15 000 Kunstwerke auf die Gunst der Besucher, darunter Gemälde und Skulpturen, Handschriften und Keramiken der frühmodernen oder klassischen Moderne. Bis auf wenige Ausnahmen konzentriert sich die Sammlung auf Künstler aus der ganzen Türkei.

Sollten Sie auf der Isteklal Caddesi in der historischen Altstadt unterwegs sein, wo das Leben bekanntlich nur so brodelt, könnten Sie einen Abstecher zu Madame Tussauds Istanbul machen. Natürlich sind diese Wachsfigurenkabinette in allen Großstädten nahezu identisch. Überall werden Ihnen Spider-Man, Marilyn Monroe und Albert Einstein, Michael Jackson, Leonardo DiCaprio und Muhamed Ali begegnen. Dennoch, ein wenig Lokalkolorit ist hier durchaus zu finden. Und ganz ehrlich, wer kann schon mit einem Selfie von sich und dem Staatsgründer der Türkei Mustafa Kemal Atatürk oder Mehmed II., dem siebten Sultan des Osmanischen Reichs, aufwarten?

Eine letzte, aber wichtige Anmerkung in Sachen Museen: Wie fast alle Großstädte bietet auch Istanbul einen Museumspass an, der in vielen staatlichen und städtischen Einrichtungen gültig ist, die Eintrittspreise beträchtlich reduziert, Ihnen manchmal sogar freien Eintritt verschafft und obendrein das Anstehen an überlaufenen Kassen erspart. Es gibt ihn für die Dauer von fünf Tagen. Sie können den Museumspass im Tourist Office oder online erwerben, häufig ist er auch an der jeweiligen Museumskasse erhältlich. Informationen dazu gibt es unter: istanbul-tourist-information.com/muzekart-ihr-museumspass-fur-istanbul. Informationen zu Ermäßigungen finden Sie auch im Kap. Istanbul von A–Z (s. S. 184).

Im Wachsfigurenkabinett Madame Tussauds bekommen Besucher neben Lady Gaga und Spider-Man auch etliche Lokalmatadore vor die »Linse«.

Was?

Kunst- und Kulturtempel, die das Erbe von Abend- und Morgenland bewahren und so üppig bestückt sind, dass ein Istanbul-Besuch nicht ausreicht, um auch nur einen Bruchteil der Schätze zu besichtigen. Auch die Gegenwart und ihre Kunst kommen hier zum Zug. Diese Auswahl ist nur ein kleiner, feiner Querschnitt durch die unermessliche Museumslandschaft von Istanbul, gestern und heute.

Wo und wann?

Archäologisches Museum

Über eine Million Artefakte aus den unterschiedlichsten Kulturen und Epochen, kurzum die größten antiken Sammlungen weltweit, machen es zum größten und bedeutendsten Museum im Land. Der Museumskomplex gliedert sich in drei große Teilbereiche.

- Cankurtaran, 34122 Fatih
  muze.gov.tr
  April–Okt. tgl. 9–20 Uhr

Istanbul Modern

Der vom Architekten Renzo Piano neugestaltete dreistöckige Kunstbau an der Uferpromenade gibt spannende Einblicke in die zeitgenössische Kunst des Landes.

- Galataport
  Tophane Iskele Cd. 1
  Karaköy, am Hafen
  istanbulmodern.org

Gleich und gleich gesellt sich gern im Archäologischen Museum.

Madame Tussauds
Prächtige Sultane, Staatsgründer Atatürk, Baumeister Sinan, Sänger Murat Boz und Ex-Fußballstar Arda Turan sorgen für Lokalkolorit.
- Isteklal Cd. No. 56/58
  Hüseyinağa, Grand Pera AVM
  34440 Beyoğlu
  www.madametussauds.com/istanbul/en
  Tgl. 11–21 Uhr

Marinemuseum
Drei Etagen mit maritimen Exponaten (Ruderboote, Sultansgaleeren, Feuerwaffen, Uniformen, Flaggen, Wappen, Seekarten ...)
- Beşiktaş Cd. No. 6 D 1
  34353 Beşiktaş
  Mo–Fr 10–16, Sa, So 9–17 Uhr

Militärmuseum
Anhand von 5000 Objekten wird hier Kriegs- und Waffengeschichte dokumentiert, vom Beginn des Osmanischen Reichs bis zur Gründung der türkischen Repubulik .
- Halaskargazi
  Vali Konağı Cd. No. 2
  34367 Şişli/Harbiye
  Di–So 7–17 Uhr

Mosaikenmuseum
Errichtet auf den Grundmauern des einstigen Großen Palasts zeigt es prächtige Mosaiken aus spätantiker Zeit mit vorwiegend Naturmotiven (Hirten, Waldtiere).
- Arasta Çarşısı
  Sultan Ahmet Mahallesi Kabasakal Cd. Arasta Çarşısı Sk. No. 53
  34122 Fatih
  muze.gov.tr/muzeler
  Tgl. 9–19.30 Uhr

Museum der Palastsammlungen
In den ehemaligen Küchen des Palastes werden allerlei Utensilien aus den Sultanspalästen gezeigt.
- Vişnezade, Dolmabahçe Cd.
  34357 Beşiktas
  www.millisaraylar.gov.tr
  tgl. 9–18, im Winter bis 17 Uhr

Museum für Malerei und Skulpturen (MSFAU)
2020 eröffnetes privates Kunstmuseum mit Werken der klassischen Moderne.
- Mecli-i Mebusan Cd. No. 6
  34433 Beyoğlu
  irhm.msgsu.edu.tr
  Di–So 10–18 Uhr

Rahmi M. Koc-Museum (Technikmuseum)
Ein Paradies für Technikbegeisterte: Motoren, Schiffe, Flugzeuge, Eisenbahnen, sogar ein U-Boot.
- Hasköy Cd. No. 5, 34445 Hasköy
  rmk-museum.org.tr
  Di–Fr 9.30–17, Sa, So 10–18 Uhr

In einem Antiquitätenladen über den Dächern des Großen Basars in Sirkeci

Üsküdar: Die Sonnenuntergänge hier sind einfach atemberaubend.

Mein Sohn Elyas begleitet mich gern auf meinen Streifzügen durch Istanbul.

Im Gespräch mit einem Museumsführer vor dem Eingang zum Topkapı-Palast

Mit Rebecca unterwegs zu den Prinzeninseln

Wenn einen unterwegs der kleine Hunger überkommt, dann schafft ein »simit« (Sesamkringel) rasch Abhilfe.

6

Die türkische Küche

Süß wie die Liebe,
feurig wie die Hölle,
geheimnisvoll wie der Orient

Ein kulinarischer Streifzug

Essen ist für mich persönlich ein sehr wichtiges Thema, und das ist es im ganzen Land. Ein türkisches Sprichwort sagt »Kimi yer, kimi bakar. Kıyamet ondan kopar.« Übersetzt bedeutet es, dass die Welt untergeht, wenn nur einige essen und die anderen bloß zuschauen.

Kurzum: Nahrung muss für alle da sein, gesund soll sie sein und natürlich gut schmecken. Die Geschichte der türkischen Küche ist schon deshalb sehr spannend, weil sie sich im Lauf der Jahrhunderte aus unterschiedlichsten Kulturen und Traditionen zusammengesetzt hat. Man denke nur an die gewaltige Ausdehnung dieses Reichs im 17. Jh. von Kleinasien bis zum Schwarzen und Asowschen Meer und westwärts nach Südosteuropa. Darüber hinaus stand das Gebiet der heutigen Türkei unter der Herrschaft verschiedenster Völker und ihren Einflüssen, darunter Mongolen und Seldschuken, Thrakier und Römer, Byzantiner und nicht zuletzt Osmanen. Zu guter Letzt kommen noch die vielen heute in der Türkei lebenden Volksgruppen hinzu, die ebenfalls Küche und Essgewohnheiten nachhaltig geprägt haben: Kurden, Armenier, Assyrer, Griechen, Tscherkessen, Pomaken, Albaner, Tschetschenen … Zusammenfassend lässt sich sagen, dass die Küche der heutigen Türkei eine reiche Geschichte besitzt und das Beste aus verschiedenen Kulturen vereint.

Das türkische Frühstück

Da ist es nicht weiter verwunderlich, wenn die türkische Küche vielfältige Akzente setzt. Beginnen wir am besten mit dem ersten Mahl des Tages, dem Frühstück. »Serpme kahvaltı« bedeutet, dass viele verschiedene Speisen in Schälchen serviert werden, aus denen sich jeder am Tisch bedient. Im Gegenteil zu vielen europäischen Ländern beginnt der Tag in der Türkei überwiegend »salzig«. Natürlich gibt auch einige süße Leckereien, insgesamt jedoch eher wenige. Die Basis eines türkischen Frühstücks besteht meist aus frisch gebackenem Brot, »simit« (Sesamkringel, ein Gebäck aus Hefeteig, in der Regel vegan), Schafskäse, schwarzen Oliven und »çay«. Dann kann es beliebig erweitert werden:

beispielsweise mit Schnittkäse aus Kuhmilch, etwa »kaşar«. Auch »beyaz peynir«, ein weißer Salzlakekäse aus Ziegen-, Schafs- oder Kuhmilch, der Ziegenmilchkäse »tulum peyniri« und der Hartkäse »mihaliç peyniri« sind beliebte Käsesorten, die zum Frühstück gern aufgetischt wer-

HÄTTEN SIE'S GEWUSST?

Blumig, sinnlich, einfallsreich

Kaum ein anderes Land hat für seine Gerichte so fantasievolle Namen ersonnen wie die Türkei. Der Vergleich mit weiblichen und männlichen Körperteilen ist dabei keine Seltenheit. Gefüllte Auberginen in Form von Frauenschenkeln nennen sich hier »Der Imam fiel in Ohnmacht« (»Imam Bayıldı«). Bestimmt hat bereits der Anblick der Köstlichkeit dem frommen und vermutlich etwas weltabgewandten Vorbeter den Verstand geraubt. Das männliche Pendant dazu wären »Gekochte Hoden« (»pişik taşağı tatlısı«), in Fett ausgebackene Teigkugeln, die mit Zuckerwasser übergossen werden. Ein deftiger Eintopf aus Fleisch, Tomaten-Paprika-Sauce, Auberginen, Milch und Käse heißt »Dem Sultan gefällt's« (»hünkar beğendi«), gemeint war damit übrigens Sultan Murat IV. Klöße aus Hackfleisch und Bulgur, in denen sich innen ein weiteres feines Klößchen versteckt, werden als »Mutter und Tochter« (»analı kızlı«) bezeichnet. Und schließlich gibt es noch eine im ganzen Land bekannte traditionelle Suppe, die der wunderschönen Braut Ezo aus der Provinz Gaziantep (»ezo gelin çorbası«) gewidmet ist und angeblich auch von ihr erfunden wurde. Dieser Klassiker, bestehend aus Roten Linsen, Bulgur, Reis, Tomaten, Zwiebeln und vielen Gewürzen, ist ein echtes Kraftpaket, die Braut Ezo vermutlich nur eine Märchenfigur. Doch wie heißt es im Märchen so schön: Und wenn sie nicht gestorben sind, dann ...

Beim Anblick der gefüllten Auberginen soll der Imam zu Boden gesunken sein.

den. »Sucuk«, die Knoblauchwurst, die auch in Deutschland mittlerweile sehr beliebt ist, wird angebraten und liegt bei einer üppigeren Variante ebenfalls auf dem türkischen Frühstücksteller.

Ein süßer Brotaufstrich, den ich über alles liebe, ist »tahin pekmez«. Er besteht aus »tahin«, einer Sesampaste, die man seit geraumer Zeit auch in Deutschland kennt und schätzt und die obendrein gesund und vegan ist. »Pekmez« heißt der Traubensirup, der mit der Paste vermischt wird.

Während der Dreharbeiten zur TV-Serie »Mordkommission Istanbul« hat mir morgens oft ein »simit« mit diesem Aufstrich gereicht, um motiviert und gestärkt in den Tag zu starten.

Gerade, weil Drehtage meistens sehr früh beginnen und dann natürlich keine Zeit für ein ausgiebiges Frühstück bleibt, war das für mich die ideale Variante. Der Aufstrich enthält viele wertvolle Vitamine und Mineralien und gibt einem einen regelrechten Energieschub. Wer sich gesund und bewusst in der Türkei ernähren möchte, verzichtet am besten nicht darauf. Und der »çay« darf bei einem traditionellen Frühstück natürlich auch nicht fehlen.

Nun zu einem etwas deftigeren Gebäck, das nahrhaft ist, köstlich schmeckt und ebenfalls bevorzugt morgens verzehrt wird: »börek«, eine Art gefüllter Strudel. Hergestellt wird er aus Yufka-Teig (aus Mehl, Wasser und Salz wird ein Teig geknetet und daraus große runde, dünne Teigblätter geformt) und gefüllt mit Schafskäse und Petersilie, Hackfleisch oder Spinat. Auch die aus Anatolien stammenden Teigtaschen »gözleme« – sie ähneln ein wenig dem »börek«, sind allerdings viel dünner – sind auf dem Frühstückstisch oft und gern gesehen. Grundlage ist ein gewürztes Fladenbrot, das wie ein Crêpe verarbeitet und mit allerlei leckeren Dingen gefüllt wird. Das kann Spinat ebenso sein wie Schafs- oder anderer Käse, klein geschnittene Kartoffeln oder eine Hackfleischmasse. Und last but not least gibt es noch »pide«, dünne Teigschiffchen aus einer Art Fladenbrot – belegt mit den unterschiedlichsten Zutaten –, die warm oder kalt gut schmecken.

Während ich dies schreibe und in dem gigantischen Fundus türkischer Spezialitäten krame, steigen Kindheitserinnerungen in mir auf. Verbunden sind sie mit dem unwiderstehlichen Duft von frisch gebackenem und mit Mohn bestreutem Fladenbrot. Immer wenn ich diesen Geruch irgendwo wahrnehme, fühle ich mich zurückversetzt in die Zeit, als ich vier oder fünf Jahre alt war.

Dünn ausgezogener oder ausgerollter Teig wird in der türkischen Küche häufig verwendet. Er kann süß (oder wie auf dem Bild) pikant gefüllt werden.

In der Türkei mag man es gern honigsüß. Die Blätterteigpastete Baklava ist ein üppiges Gebäck, bei dem man besser aufs Kalorienzählen verzichtet.

Bohnen, Bulgur und Baklava

Auch das Mittagessen fällt in der Türkei nie knapp oder gar mager aus. Die türkische Küche ist zwar im Allgemeinen recht fleischlastig, doch wer auf Fleisch und Nahrungsmittel tierischen Ursprungs verzichten möchte, dem bieten sich mittlerweile etliche Alternativen. »Çiğ köfte« zum Beispiel, eine Art vegane Frikadellen, bestehen aus Bulgur, einem Getreideprodukt aus Hartweizen. Auch von »börek« und »gözleme« gibt es vegane Varianten. Den traditionellen Eintopf »Kuru fasulye«, der aus Bohnen, Tomaten, Zwiebeln und Olivenöl besteht, kann ich wärmstens empfehlen. Ebenfalls in der Regel vegan sind die deftigen Linsensuppen »mercimek çorbası« und »ezogelin çorbasi« – in Letztere kommen auch Reis und Bulgur hinein. Dann wären noch »lentil köfte« zu nennen, feine Gemüsebällchen aus roten Linsen und Bulgur. Und was wäre ein Nachtisch ohne »baklava«, ein Gebäck, das es in den verschiedensten Varianten gibt. Darin könnte allerdings Butter enthalten sein, was sich aber leicht erfragen lässt.

Es gibt also auch für Vegetarier und Veganer durchaus reizvolle Möglichkeiten, der türkischen Küche etwas abzugewinnen – also nicht nur seinen bloßen Hunger zu stillen, sondern seine Geschmacksknopsen zu erfreuen. Wenn man durch die Künstlerviertel von Istanbul streift, findet man inzwischen immer mehr vegane Restaurants, die ein appetitanregendes und reichhaltiges Speisenangebot bieten.

Himmlische Nachspeisen

Außer der reichhaltigen Blätterteigpastete »baklava« gibt es noch jede Menge weiterer verführerischer Desserts. Beginnen möchte ich mit dem Nachtisch »sütlaç«, eine Art Reispudding aus dem Backofen. Seine Ingredienzien: Rundkornreis mit Milch, Vanilleschote und Pistazien. »Sütlaç« wird im Ofen gebacken und vorzugsweise mit Haselnüssen, Honig oder kandierten Früchten serviert. Und natürlich möchte ich an dieser Stelle meine Lieblingsdesserts nennen, von denen ich bereits im Kap. 1 (s. S. 22) geschwärmt habe: »keşkül«, »kazandibi« und »dondurma« (das Nonplusultra für mich ist eine Kombination aus allen Dreien!).

Vor allem »keşkül« ist ein sehr leckerer und relativ einfach zu machender Pudding. Kinder lieben »keşkül«, weil er ein wenig an Milchreis erinnert. Probieren Sie es doch mal aus, mein bevorzugtes »Keşkül«-Rezept finden Sie auf der nächsten Seite.

Bei diesen drei Desserts könnte ich fast vor Glück zergehen. Man sieht's mir an.

ZUM NACHKOCHEN: Keşkül (Mandelpudding)

Zutaten für 4–5 Portionen

80 g Mandeln, gemahlen
500 ml Milch
1 Prise Salz
75 g Puderzucker
75 g Reismehl
50 g Kokosflocken
Fürs Topping: ca. 40 g gehackte Pistazienkerne oder Granatapfelkerne (nach Belieben)

Bei Pudding kann ich nicht Nein sagen. »Keşkül« ist einer meiner Favoriten.

Zubereitung:

1. Die fein gemahlenen Mandeln in einer Schüssel mit so viel Milch verrühren, dass daraus eine geschmeidige Masse entsteht. Die restliche Milch mit Salz und Zucker in einem Topf aufkochen.

2. Reismehl mit etwa 5–6 EL kaltem Wasser glatt rühren. Die Milch vom Herd nehmen, die Reismehlmasse, die Mandelmischung und die Kokosflocken mit dem Schneebesen gut unterrühren.

3. Topf wieder auf den Herd stellen. Bei schwacher Hitze und unter ständigem Rühren aufkochen lassen, bis die Masse fest ist.

4. Die Masse auf 4 oder 5 Dessertschüsselchen verteilen und mit gehackten Pistazien oder mit Granatapfelkernen dekorieren.

Das Rezept ist einfach und gelingt leicht.

Für Menschen, die gerne Fleisch essen, gibt es fast überall eine große Auswahl an verschiedenen »kebaps« (Fleisch am Spieß) wie »Adana Kebap«, ein würzig-scharfer Hackfleischspieß, »Iskender Kebap« (gegrilltes Lammfleisch, in hauchdünne Scheiben geschnitten) und der allseits bekannte »Döner kebab«. Nicht minder beliebt sind traditionelle türkische Gerichte wie »köfte« (Hackfleischbällchen) und »lahmacun«, die klassische türkische Pizza. Sie wird allerdings aus einem anderen Teig gefertigt als die italienische Pizza, wird neben einer würzigen Hackfleischmischung auch mit Salaten belegt und dann gerollt.

Der »Döner« und sein Ursprung

In diesem Zusammenhang möchte ich Ihnen nun ein traditionelles Restaurant ans Herz legen, das seit vielen Generationen geführt wird und eine sehr interessante Geschichte hat. Denn dort wurde quasi der Döner, der in Deutschland durchaus gut bekannt ist, geboren. Allerdings wird der Iskenderoğlu-Döner nicht in einer Teigtasche serviert, und auch der Salat, der hierzulande Teil des Döners ist, ist nicht auf einem Iskenderoğlu-Döner-Teller zu finden!

Ich esse selbst mittlerweile sehr wenig Fleisch. Zum einen, um nicht die Massentierhaltung zu unterstützen, zum anderen aber auch, weil mir eine ausgewogene Ernährung wichtig und zu viel Fleisch einfach nicht gesund ist. Daher wähle ich mit Bedacht aus, welches Fleisch ich kaufe, und da ich es nur selten esse, bleibt es für mich etwas Besonderes. Beim Familienbetrieb Iskenderoğlu-Döner weiß ich jedenfalls, dass dort für die Zubereitung Qualitätsfleisch verwendet wird, und zwar ausschließlich von Tieren, die auf Weiden leben.

Das Restaurant, das sich als »Wiege des Döner« rühmen kann, befindet sich im bunten Stadtviertel Kadıköy. Sobald man das Lokal betritt, wird einem bewusst, dass man es hier mit traditionsbewussten (auch ernährungsbewussten) Menschen zu tun hat. Bereits am Eingang hängen an der Wand Fotografien der Väter und Großväter. Eine große Büste, vermutlich aus Messing, ist dem Firmengründer gewidmet. Eigentümer des Familienunternehmens sind drei Brüder. Die Filiale in Kadıköy wird von den Brüdern Ersin und Nurettin geleitet. Der dritte im Bunde, Sabit, führt das Restaurant in Bursa, der Stadt, in der die Firmengeschichte vor 136 Jahren begonnen hat.

Interview mit Ersin Iskender, Mitinhaber des Restaurants Iskender-Döner

Danke, Ersin, dass du mich auf eine Reise durch die Entstehungsgeschichte des Restaurants Iskender mitnimmst. Seit mehr als vier Generationen ist es in eurer Familie und wurde von deinem Ururgroßvater Mehmet Iskender gegründet. Bitte erzähle uns doch, wie es dann zum Entstehen des »Iskender Döner« gekommen ist.

Mein Ururgroßvater Mehmet Iskender kam ursprünglich aus Antakya. Weil dort Kriegszustand herrschte und die Lebensbedingungen immer schlechter wurden, brachten Mehmets Eltern ihn im Alter von neun Jahren nach Bursa. Das war vor mittlerweile 136 Jahren. In Bursa sollte er später das erste Restaurant auf dem Kayhan-Basar eröffnen. Dieser Basar befand sich früher in einem Industriegebiet, wo viele Handwerker, darunter Eisenschmiede, ansässig waren. Die Handwerker, aber auch die Händler aus der Nachbarschaft haben Mehmets Speisen geliebt. Die Grundlage war geschaffen, jetzt musste der Laden nur noch wachsen.

Wie man »kebap« zubereitet, war ja hinreichend bekannt. Das Fleisch wird dabei horizontal auf den Grill gelegt. Mehmet erkannte allerdings, dass das vom Fleisch auf das Feuer tropfende Fett das Fleisch jedes Mal stark verrußte und dessen Geschmack minderte – und wollte dafür eine Lösung finden. Er bat einen benachbarten Schmied, ihm einen vertikalen Grill mit entsprechender Stangenvorrichtung zu konstruieren. Dann beauftragte er einen Messerschmied mit der Anfertigung eines Messers mit einer langen Klinge. Gesagt, getan! Ab diesem Zeitpunkt briet Mehmet das Fleisch in der vertikalen Position und schnitt es mit dem Spezialmesser in hauchdünnen Scheiben herunter. Der ursprüngliche Begriff »Iskender Kebap« ist eigentlich der korrekte Name für das Gericht, das mein Urahn erfunden hat. Im Volksmund wurde dann daraus mit der Zeit »Iskender Döner Kebab«. Das Wort »döner« dazwischen bedeutet übersetzt so viel wie »sich drehen«, also ein Wort für das sich auf dem Spieß drehende Fleisch. Der Begriff hat sich dann fälschlicherweise für dieses Gericht durchgesetzt.

Viele Besucher kennen und schätzen den »Iskender Kebap«, doch wie wird er zubereitet und serviert?

Grundlage ist ein frisches »Pide«-Brot, das nach dem Originalrezept aus Bursa gebacken wird. Darauf kommt eine speziell gewürzte, von uns selbst zubereitete Tomatensauce, auf die dann das Iskender-Fleisch (wir kaufen unser Fleisch nicht fertig, es stammt von ausgewählten Tieren, die nicht aus der Massentierhaltung kommen) gebettet wird. Unser Öl bereiten wir ebenfalls selbst zu. Die Sauce wird immer erst am Tisch frisch dazugegeben. Auch ein wenig Butter darf nicht fehlen. Als Beilagen werden links und rechts auf dem Teller gegrillte Tomaten, Peperoni und Joghurt serviert. Optimalerweise reicht man dazu »patlican« (eine Auberginenpaste) und serviert als Getränk Ayran sowie einen frischen Saft aus schwarzen Arnica-Trauben. Sira heißt dieser Traubensaft, der nach einem alten Familienrezept »ge-

Ersin (li.) und Nurettin: Die beiden Brüder leiten erfolgreich den Familienbetrieb.

braut« wird, dessen Geschichte ebenso alt ist wie die des Kebap. Die Trauben enthalten Inulin, einen Ballaststoff, der zur Verbesserung der Darmflora beiträgt. Und die Substanz Resveratrol, die sich im Stiel, in den Kernen und in der Schale befindet, ist reich an Eisen und wirkt überdies entzündungshemmend. Dem Saft wurde weder Zucker oder andere Süßstoffe noch chemische Bestandteile zugesetzt. Er ist also eine echte »Gesundheitsbombe«.
Speziell für die Zeit des islamischen Fastenmonats Ramadan bereiten wir eine Linsensuppe mit geklärter Butter zu. Während der restlichen elf Monate fragen unsere Kunden dann oft nach dieser Suppe. Die gibt es aber nur in der Fastenzeit, denn unsere Spezialität ist der »Iskender Kebab«, und seine perfekte Zubereitung lastet uns voll aus.

Schon als ich das erste Mal herkam, fiel mir auf, wie persönlich und zugewandt eure Gäste bedient werden, obwohl ihr drei Brüder fast parallel immer wieder am Herd steht oder andere Aufgaben übernehmen müsst. Wer hat euch das beigebracht? Wer hat euch ausgebildet?

Ich war fünf Jahre alt, als ich mit meinem Vater zum ersten Mal den Laden betrat. Mein Vater drückte mir eine Flasche Eau de Cologne in die Hand und sagte »Begrüße jeden Kunden und träufle ihm ein wenig Toilettenwasser in die Hand. Und auch jedem Kunden, der den Laden verlässt.« Mein Vater brachte meinen Brüdern und mir bei, den Bereich Service immer im Auge zu behalten. Selbst dann, wenn man ein Telefonat führen muss. Wir lernten Schritt für Schritt, mit unserem Vater das Geschäft zu führen und alle Bereiche, wie Herd, Kasse, Telefon und Service gleichzeitig zu handhaben. Jeder Kunde, der hereinkommt, wird so behandelt, als wäre er ein Gast in seinem eigenen Haus. Wir haben Seite an Seite gelernt, jeden einzelnen Kunden individuell zu behandeln, und dabei selbst eine Einheit zu bilden.

Wie steht es um eure Traditionen? Gebt ihr das, was ihr gelernt habt, an eure Kinder weiter?

Wir werden unseren Kindern die Aufgabe nicht aufzwingen, aber wir führen sie schon unterbewusst in den Restaurantbetrieb ein, weil wir

Fleischspieß, Paprika und Tomaten: alles frisch vom Holzkohlengrill – köstlich!

hier alle viel Zeit miteinander verbringen. Manchmal kommen die Kinder mit in die Spülküche, oder wir gehen zusammen hinunter in die Werkstatt.

Es ist eine Aufgabe, die Leidenschaft, aber auch harte Arbeit erfordert. Der Erfolg des Geschäfts fordert natürlich Opfer. So führte mein Vater, Iskender Iskenderoglu, 35 Jahre lang das Geschäft, ohne viel Freizeit zu haben. Heute ist er 82 Jahre alt und verbringt inzwischen die meiste Zeit zu Hause. Aber bis zum Ausbruch des Covid-Virus kam er noch jeden Tag her, um die Gäste zu begrüßen und mit ihnen ein wenig zu plaudern. Er hat diese Höflichkeitsgesten wirklich geliebt. Eines Tages fragte ich ihn: »Papa, du hast keine weiteren 70 Jahre mehr, warum kommst du immer noch jeden Tag in diesen Laden?« Da erwiderte er: »Mein Sohn, das ist einfach das, was ich liebe. Ich möchte am liebsten sterben, während ich diesen Job mache.« Und genau diese Leidenschaft für unseren Familienbetrieb wurde von Generation zu Generation weitergegeben.

Noch einmal zum Begriff »Iskender«, der ja euer ursprünglicher Familienname ist. Mittlerweile ist darunter das von eurem Urahn erfundene Gericht bekannt. Gibt es da keine Konflikte?
Wir haben die Marke »Iskender« eintragen lassen, um sie zu schützen. Niemand sollte den Namen bzw. die Marke »Iskender« anderweitig nutzen. Es ist nicht nur die vom Ururgroßvater Iskender erschaffene Marke, sondern auch der Name unserer Familie. Wir haben eine Eigentumsurkunde dafür und führen seit dem Jahr 2000 immer wieder Rechtsstreite darüber. In diesem Zusammenhang wurden in Bursa im Jahr 2000 rund 500 große und kleine Schilder mit unserem Firmennamen an Geschäften abmontiert, ohne dass wir, die Eigentümer, je eine Entschädigung für die Nutzung erhalten hätten. Wir kämpfen sozusagen für das Vermächtnis unseres Urahns.

Kannst du mir noch ein wenig mehr über eure Familiengeschichte erzählen? Über die Generationen, die Historie des Restaurants …?

Firmengründer Mehmet hatte drei Kinder: Nurettin, Süleyman und Cevat. Unser Vater ist der Sohn von Süleyman. Süleyman arbeitete für Mehmet in dem Restaurant. Es gibt eine Geschichte, die sich damals zugetragen hat. Eines Tages traf im Restaurant die Nachricht ein, dass der große Atatürk einen »Iskender Kebab« haben möchte. Das Gericht wurde also zubereitet, und Mehmet übertrug seinem jungen Sohn Süleyman die Verantwortung, den »Iskender Kebab«, warm in Porzellanteller verpackt, zu Atatürks Villa zu bringen. Dort angekommen, bat ihn ein Angestellter an der Pforte, ihm das Gericht zu übergeben. Süleyman bestand jedoch darauf, es persönlich zu überbringen. Man brachte ihn daraufhin hoch zum Vorzimmer von Atatürks Büro. Auch dort wollte man ihm das Essen abnehmen. Doch Süleyman ließ sich auch diesmal nicht abweisen, sondern beharrte darauf, den »Iskender Kebab« nur dem Präsidenten persönlich zu überreichen. Atatürk hörte dem Gespräch aus seinem Büro zu und kam heraus. Er wollte wissen, wer ihm die Anweisung gegeben habe, das Essen nicht an die Angestellten auszuhändigen. Süleyman antwortete, dass sein Vater ihm die volle Verantwortung für die Speisen übertragen habe und er einfach sicher gehen wollte, dass das Essen nicht vergiftet werde und sicher bei Atatürk ankäme. Atatürk war vom Verhalten Süleymans so beeindruckt, dass er danach mehrmals persönlich zum Kayihan-Basar zum Essen kam.

Zu guter Letzt möchte ich wissen, seit wann es dieses Restaurant auch in Istanbul gibt?

Wir haben es im September 2003 eröffnet, also vor rund 20 Jahren. Und wenn es nach uns ginge, sollen es noch viele weitere Jahre werden.

TIPP

Iskender Iskenderoğlu

Statten Sie doch bei Ihrem nächsten Istanbulbesuch dem Restaurant Iskender Iskenderoğlu im Stadtteil Kadıköy einen Besuch ab und erleben dort den Original-»Döner«. Denn mit der Variante, die man in deutschen Großstädten beinahe an jeder Ecke kaufen kann, hat der »Iskender Kebap« wenig gemein. Beim Original handelt es sich um kein Junkfood von einem Schnellimbiss, sondern um eine hochwertige, schmackhafte Mahlzeit. Es wird auch nicht in einer papierumwickelten Teigtüte auf die Hand gereicht, sondern als Tellergericht mit allerlei Beilagen. Seit dem Tag, an dem ich das erste Mal dort gegessen habe, führt mich mein Weg jedes Mal wieder in dieses familiäre Restaurant.

Zum Original-Iskender Kebap wird der hauseigene Traubensaft serviert.

• Caferaga
  Albay Faik Sözdener Cd. No. 3
  34710 Kadıköy
  iskenderiskenderoglu.com.tr

Gewürze – Würze des Lebens

Meine Heimatstadt Istanbul ist dank ihrer Lage am Bosporus ein Bindeglied zwischen Morgen- und Abendland. Zu welchem Teil, Orient oder Okzident, würden sich wohl Gewürze wie der samtige Zimt, der würzig-scharfe Kreuzkümmel, der stark färbende Safran oder der pfeffrige Koriander zählen?

Richtig, sie gehören zum orientalischen Erbe. Und wer sich schon einmal mit der Welt der Gewürze befasst hat, dem fällt es nicht schwer, gedanklich in eine vergangene Welt einzutauchen, in der manche von ihnen mit Gold aufgewogen wurden. Gewürze waren keineswegs deshalb so kostbar, weil sie zum Würzen von Speisen verwendet wurden, sondern weil sie als Arznei oder als Konservierungsmittel dienten. Man denke dabei nur an Salz, das »weiße Gold«. Gewürzhandel war im Mittelalter ein einträgliches Geschäft. Schiffe, beladen mit kostbarer Fracht aus Asien, mit Säcken voller Pfefferkörner – das teuerste Gewürz seinerzeit überhaupt –, Muskatnüssen, Kardamomkapseln, Vanilleschoten oder Safranfäden wurden nach Europa verschifft, wo sich keineswegs jeder Normalbürger ein Tütchen oder ein paar Gramm davon leisten konnte. Derjenige aber, der sich den Luxus gönnte, seinem Mahl mit einer Prise Pfeffer ein wenig Feuer oder »Pep« zu verleihen, musste ein wohlhabender Bürger sein, denn Gewürze waren in früheren Zeiten ein Statussymbol wie heute ein Auto oder eine Rolex-Uhr. Abgesehen davon sind bestimmte Gewürze wie Safran und Vanille auch heute nicht gerade billig! Dennoch, ab dem 18. Jh. waren sie leichter zu bekommen und auch zu erschwinglicheren Preisen.

Handelsschwerpunkt Istanbul

Natürlich ist auch in der Türkei nicht für jedes Gericht »ein Kraut gewachsen« – Pfeffer kam ursprünglich aus Südindien, die Muskatnuss von der Karibikinsel Grenada, und die Königin der Gewürze, die Vanilleschote, stammt ursprünglich aus Mexiko, wird inzwischen aber hauptsächlich auf Madagaskar angebaut. Doch Istanbul nahm dank seiner Position als Brücke zwischen den Kontinenten Asien und Europa

Paprika, Safran, Zimt, Chili, Muskatnuss, Sumach: Duftkompositionen der Natur

Aroma und Farbenpracht der Gewürze geben sich sich auf den Märkten ein Stelldichein mit getrockneten Kräutern, Teesorten und allerlei Süßwaren.

beim Gewürzhandel eine Hauptrolle als Handelsumschlagsplatz ein. Hier wurde die begehrte Ware in alten Gewölben gelagert. Vom Bosporus ging das wertvolle Gut nach Europa, wo Königshäuser, Edelleute oder auch nur gut betuchte Bürger schon sehnsüchtig darauf warteten. Immer schon schrieb man Gewürzen eine Faszination oder gar Verführungskunst zu, die der Schriftsteller James Joyce treffend mit den Worten beschrieben hat: »Gott hat das Nahrungsmittel erschaffen, der Teufel die Würze.« Mag der Grundstock einer Mahlzeit auch Fleisch oder Fisch, Gemüse oder Eier sein – das i-Tüpfelchen, das die Geschmacksknospen zum Erblühen bringt, sind nun mal die Gewürze.

Eine Welt der Sinne

Wenn ich heute über einen Basar spaziere, z. B. über den Großen Basar oder den Ägyptischen Gewürzbasar (Mısır Carşısı) im Stadtviertel Eminönü, dann zieht es mich wie damals in meiner Kindheit fast magisch zu den Gewürzständen hin. Diese prall gefüllten Säcke mit gemahlenen oder getrockneten Gewürzen sprechen einfach meine Sinne an. Am Rot von Paprika, Chili und Sumach, am leuchtenden Gelb von

Safran und Curry kann ich mich kaum sattsehen, der intensive Duft von Nelken, Kümmel, Pfeffer oder Vanille kitzelt meine Nase … Dann gibt es noch allerlei aromatische Gewürzmischungen wie »Baharat«, der man nachsagt, dass darin alles enthalten ist, was man(n) oder frau zum Kochen braucht: Petersilie, Thymian, Minze, Zimt, Paprika, Pfeffer, Knoblauch und Kreuzkümmel. Oder Isot Biber, ein raffinierter Mix aus Chili, Salz und Rapsöl. Mein Lieblingsgewürz ist Sumach. Gewonnen wird es aus den Beeren des Färber-Baums (oder Gerber-Sumach), übrigens ein Verwandter des Essigbaums. Das gemahlene dunkelrote Pulver wird auch gern als Tischgewürz verwendet, um den Geschmack von Suppen, Eintöpfen, Fleisch, Fisch oder Dips abzurunden. Ohne die entsprechenden Kräuter oder Gewürze wäre manches türkische Gericht nicht so köstlich und sein Duft nicht so prägnant. »Köfte«, die beliebten Fleischklößchen, werden vorzugsweise mit Oregano gewürzt, in den Kichererbsen-Dip Hummus kommt neben Sesampaste, Salz und Pfeffer gemahlener Kreuzkümmel, Fleischgerichte erhalten ihre würzige Note durch Koriander und Rosmarin. Darüber hinaus werden Petersilie, Dill und die allgegenwärtige Nana-Minze verwendet, aber auch Pul Biber (Chiliflocken), roter, schwarzer und grüner Pfeffer sowie Anis, Sesam und Safran. Nana-Minze kommt übrigens keineswegs nur als Tee oder in Süßspeisen zum Einsatz. Die getrockneten Blätter machen sich auch in Dips, Suppen und Salaten gut. Im Gegensatz zur herkömmlichen Pfefferminze enthält Nana-Minze kein Menthol und ist daher sehr mild und erfrischend.

Ein Glas Tee ist eine willkommene Unterbrechung im türkischen Alltag.

Ein Kleinod: das Hotel Les Ottomans im Stadtteil Beşiktaş

7

Wie man sich bettet ...

Ikonen der Hotellerie,
im Bett mit Agatha Christie
und ein plappernder Papagei

Menschen im Hotel

Zu allen Zeiten zog Istanbul Aristokraten und Staatsmänner, Schauspieler, Dichter und Denker an. Diese illustren Besucher – heute würde man sie »Promis« nennen – stiegen in noblen Herbergen ab. Einige von ihnen verfassten dort Geschichten, andere schrieben sogar selbst Geschichte.

Pera Palace: Dank einer Netflix-Serie auch bei jungen Leuten ein »place to be«.

Nicht jedem berühmten Gast wurde seinerzeit ein eigenes Gästehaus zuteil, wie dem deutschen Kaiser Wilhelm II. Dreimal weilte er zum Staatsbesuch in Istanbul und residierte in dieser Zeit mit Gattin Augusta Victoria auf Einladung von Sultan Abdülhamid II. in dem chaletähnlichen Şale-Koşkü im Yıldız-Park. Andere, nicht minder renommierte Gäste wie Ernest Hemingway, Agatha Christie oder der britische Thronfolger Edward wohnten im Hotel. Und davon gab es im ausgehenden 19. Jh., im »Fin de Siècle«, in Istanbul nur ganz wenige. Eines der ersten war das Pera Palace im damaligen Stadtviertel Pera. Hier lebten vorzugsweise europäische Kaufleute und Diplomaten. Pera war übrigens bereits im 5. Jh. ein Vorort von Byzanz, sein griechischer Name bedeutet übersetzt »gegenüber« … der Stadt. Heute gehört es zu Beyoğlu – ein wenig Stadtgeschichte nebenbei –, dessen Namen wiederum »Sohn des Herrn« bedeutet, womit konkret der venezianische Politiker Lodovico Gritti gemeint ist, der im 16. Jh. Minister unter Sultan Süleyman I war. Vom Hotel Pera Palace heißt es, dass es das erste Gebäude in Istanbul war, das warmes Wasser und einen Stromanschluss besaß. Und als eines der wenigen Häuser weltweit einen elektrisch betriebenen Aufzug! Die Gäste wurden auch nicht mit der Limousine vom Bahnhof Sirkeci abgeholt, sondern mit Sänften die rund 4 km zu dem auf einer Anhöhe erbauten Hotel getragen.

Geschichte und Geschichten

Aber nun zu den illustren »Menschen im Hotel«, im Pera – einem legendären Luxushotel, dessen Wurzeln bis zu den Anfängen des berühmten »Orient Express« Ende des 19. Jh. zurückreichen. Bei jedem Schritt atmet man die bewegte Geschichte, die diesem ehrwürdigen Haus innewohnt und Nostalgie und Luxus auf einzigartige Art vereint. So viele berühmte Persönlichkeiten aus aller Welt waren hier bereits zu Gast. Unter anderem beherbergte das Haus den Staatsgründer Mustafa Kemal Atatürk, den österreichischen Kaiser Franz Joseph I., die britische Schriftstellerin Agatha Christie, Präsidentenwitwe Jacqueline Kennedy-Onassis und Regisseur Alfred Hitchcock. Oder in der Neuzeit Schriftsteller Paulo Coelho und die Schauspieler Sean Connery und Liam Neeson. Weil das Gemäuer dieses prachtvollen Hotels so viele spannende Begebenheiten erlebt hat, habe ich mich mit dem Hotelmanager Baris Atik zu einem Gespräch getroffen. So habe ich aus erster Hand viele bekannte, aber auch unbekannte Geschichten erfahren, die sich in diesem berühmten »Museumshotel« zugetragen haben.

Dieses Hotel ist ein Evergreen, denn Luxus kommt nie aus der Mode.

Interview mit Baris Atik, Director of Sales & Marketing des Pera Palace Hotels

Vom Flair fühlt man sich in diesem wunderschönen Hotel in die 1930er-Jahre zurückversetzt. Können Sie uns etwas über die Entstehungsgeschichte des Hauses erzählen?

Alles begann im Jahr 1885 mit dem Betrieb von Luxuszügen der Compagnie Internationale des Wagon-Lits, die von Frankreich aus ihre komfortabel ausgestatteten Züge in alle Welt hinausschickte. Bald darauf verkehrte der luxuriöse Zug auch zwischen Paris und Istanbul und hörte auf den klangvollen Namen »Orient Express«. Noch konnte niemand ahnen, dass daraus einmal eine der berühmtesten und exklusivsten Zugverbindungen überhaupt werden sollte, die sich nur vermögende Menschen leisten konnten. Für diese elitären Reisenden war es zudem wichtig, ein adäquates Hotel in der Nähe zu haben. Nun muss man sich vorstellen, dass Istanbul Ende des 19. Jh. noch keine mondäne Stadt war, oder sagen wir besser, es steckte noch in den Kinderschuhen auf dem Weg dorthin. Das Niveau von Essen und Trinken, Wohnen und auch Architektur unterschied sich noch gewaltig von dem anderer europäischer Metropolen. Als dem Zugbetreiber klar wurde, dass es in der Stadt keine angemessene Unterkunft für die »Orient Express«-Reisenden gab, bat er den osmanischen Sultan Abdülhamid, eine solche in Istanbuls bester Gegend – es kamen nur Pera oder Üsküdar in Frage – bauen zu lassen. Dort gab es die geeignete Infrastruktur: In Pera betrieb man Handel, es gab Möglichkeiten zum Einkauf, Verwaltung und andere Vorzüge. Und so fiel die Entscheidung für den Bau des »Eisenbahnhotels« auf Pera.

1892 erfolgte der Startschuss zu den Bauarbeiten unter der Leitung des renommierten französischen Architekten Alexandre Vallaury (1850–1921). Dieser plante das Hotel im Stil eines französischen Palais. Alles, was er dazu benötigte – Baumaterialien, Ausrüstung, Werkzeug –, wurde praktischerweise mit dem »Orient Express« aus Frankreich angeliefert. Schon drei Jahre später konnten die ersten Zugreisenden im neu eröffneten Pera-Palast untergebracht werden. Es war somit der erste Platz, an dem man im Osmanischen Reich hohe

Gäste empfangen hat. Bis dahin war es in Istanbul Tradition, dass Besucher im eigenen Haus empfangen wurden. Diese Atmosphäre wollte man auch im Pera Palace schaffen, und so geschah es auch – das Haus ist seit seiner Eröffnung ein herzlicher, gastfreundlicher Ort. Und erst seit 1955, also 60 Jahre nach der Erbauung des Pera Palace Hotels, gibt es hier ein Fünf-Sterne-Hotel, das Hilton Istanbul.

Ich habe gehört, dass auch Größen aus Film- und Literaturwelt, darunter die britische Schriftstellerin Agatha Christie, hier ein und aus gingen …

Das ist richtig. Agatha Christie war noch sehr jung, als sie das erste Mal hier war und hatte zu jener Zeit noch keinen Roman veröffentlicht. Sie reiste viel mit dem »Orient Express« und kam schließlich auch nach Istanbul. Ihr Zimmer war die Nr. 411. Soweit wir wissen, hat Agatha Christie später sogar hier im Hotel ihren Roman »Mord im Orient Express« geschrieben.
Es gibt sogar mittlerweile eine türkische Netflix-Serie über das Pera Palace, die »Midnight at Pera Palace« heißt. Bis zu diesem Zeitpunkt handelte es sich bei den Besuchern des Pera Palace vorwiegend um ältere Generationen. Dank dieser erfolgreichen Serie hat auch die jüngere Generation, die das Pera Palace noch nicht kannte, viel Wissen über dieses ikonische Hotel in Istanbul erhalten.

Nostalgie liegt hier förmlich in der Luft. Gibt es noch weitere spannende Geschichten, die sich im Pera Palace zugetragen haben?

Dieses Hotel hat unglaublich viel erlebt. Wir begrüßten die berüchtigte Spionin Mata Hari ebenso wie die »göttliche« Greta Garbo, den Entertainer Frank Sinatra, den Schriftsteller und Literaturnobelpreisträger Ernest Hemingway und viele weitere Größen aus Politik und Wissenschaft, Kunst und Kultur. Stellen Sie sich vor, der englische Prinz Edward kam im Januar 1936 nach Istanbul, um sich kurz nach den Konventionen des Ersten Weltkriegs mit Mustafa Kemal Atatürk zu treffen. Seine Treffen fanden im Dolmabahçe-Palast statt, aber er wohnte mehrere Tage bei uns im Pera Palace. Während er in seinem Zimmer (Nr. 501) war, klopfte sein Kommandant an die Tür, um ihm mitzuteilen, dass sein Vater, König Georg V., auf seinem Landsitz Sandringham House gestorben sei. Er hat also am 20. Januar 1936 im Pera erfahren, dass er König von Großbritannien und Kaiser von Indien geworden war.

Es gäbe noch so viele Geschichten zu erzählen. Denn alle diese legendären Gäste hatten spezielle Wünsche, auch was ihre Zimmer betraf. Nehmen wir Greta Garbo. Erst kürzlich rief mich der Redakteur einer Zeitschrift an, dass er einen Artikel über »die göttliche« Schauspielerin schreiben wolle und wisse, dass sie im Pera Palace gewohnt habe. Er fragte an, ob er Fotos von ihrem damaligen Zimmer haben könnte. Dasselbe gilt für Agatha Christie. Die mochte beispielsweise kein Rosa, sondern wünschte Raumschmuck in den Farben Schwarz und Rot. Weil ihre Besuche hier beinahe legendär waren, reisen Krimi-Autoren aus der ganzen Welt nach Istanbul. Wir veranstalten daher immer einen zweitägigen Autorenkongress für Kriminalromane im November eines jeden Jahres.

Mustafa Kemal Atatürk war ebenfalls Gast des Hotels. Können Sie uns ein wenig mehr über diesen berühmten Besucher erzählen?

Mustafa Kemal Atatürk kam nach dem Ersten Weltkrieg, in den Jahren zwischen 1917 und 1927, mehrmals nach Istanbul. Das war nach dem Dardanellenkrieg, genauer gesagt nach dem Sieg von Çanakkale. 1917 reiste er nach Istanbul, um mit dem letzten Sultan des Osmanischen Reichs, Mehmed VI. Vahideddin, wichtige Staatsangelegenheiten zu besprechen. Istanbul war in dieser Zeit von der britischen Armee unter Leitung ihres Kommandanten Harrington eingenommen worden. Ohne Visum durfte niemand die Stadt verlassen. Mustafa Kemal nahm also das Visum in dem Gebäude, das heute das Soho House beherbergt, entgegen. Er reiste weiter nach Anatolien, von dort aus leitete er den türkischen Befreiungskrieg gegen die Besatzungsmächte in die Wege. Und wieder einmal nahm die Geschichte hier im Pera Palace ihren Anfang. Aus diesem Grund haben wir das Zimmer, das der große Staatsmann hier immer bewohnte – die Nr. 101 – an

seinem 100. Geburtstag in ein Museum umgewandelt. Es steht jeden Tag von 10 bis 11 und von 15 bis 16 Uhr zur Besichtigung offen.
Wir freuen uns, dass wir heute immer noch viele verschiedene »Orient Express«-Besucher aus aller Welt bei uns begrüßen dürfen. Das ist auch der Grund, warum bei uns so viele Menüs auf den Tisch kommen, die von 1910 bis in die 1940er-Jahre serviert wurden. Es gibt Wein-Verkostungen. Außerdem bieten wir klassische Oper, veranstalten Samstagskonzerte und haben eine eigene Kunstgalerie. Und wir sind stolz auf unser exzellentes Sterne-Restaurant. Bereits seit hundert Jahren zelebrieren wir jeden Nachmittag im Kubbeli Salon die von den Gästen geschätzte traditionelle »tea time«. Die meisten Besucher kommen aus europäischen Städten. Sie mögen Geschichte, sie mögen Kunst, sie mögen Mode, und sie mögen das nostalgische Flair im Pera Palace.

Zimmer Nr. 101, das Staatsgründer Atatürk bei seinen Besuchen in Istanbul stets bewohnte, ist seit 1991 als Museum für die Öffentlichkeit zugänglich.

NICHT VERPASSEN

Statten Sie im alten Stadtviertel Pera unbedingt dem gleichnamigen Museum einen Besuch ab. Dieses private Kunstmuseum (tgl. 10–19 Uhr) hat sich seit 2005 im ehemaligen Hotel Bristol etabliert und ging aus der Stiftung der Kunstmäzene Suna und Inan Kıraç hervor. Drei Sammlungen mit Arbeiten vom 17. bis 19. Jh. widmen sich Orientalischer Kunst, Kacheln und Keramiken sowie Maßen und Gewichten aus Anatolien.

- www.peramuseum.org

Wohnen mit Wohlfühlfaktor

Nun möchte ich Ihnen aber gern noch weitere Hotels vorstellen, die sich durch unterschiedliche Attribute auszeichnen, wie tolle Lage, super Service, schöne Innenausstattung oder ausgezeichnetes Preis-Leistungs-Verhältnis. Beginnen möchte ich mit der Kategorie »erstklassig« und dem vorher schon kurz erwähnten Soho House in Beyoğlu. Während der Dreharbeiten zur TV-Reihe »Mordkommission Istanbul« war ich des Öfteren dort zu Gast, meist zu Pressekonferenzen oder auch einfach mal zum Essen. Luxus, Komfort und makelloser Service sind dort oberstes Gebot. Ein besonderes Merkmal ist die umfangreiche Kunstsammlung des Hotels, die Werke berühmter türkischer Künstler zur Schau stellt.

Ein weiteres empfehlenswertes Kunst- und Boutique-Hotel ist das Corinne Art & Boutique Hotel. Die Pläne zu dem Gebäude stammen aus der Feder des Baumeisters Mimar Kemaleddin Bey erbaut. Er war einer der bedeutendsten Architekten der republikanischen und osmanischen Zeit und wird noch heute in der Türkei verehrt. Das Bauwerk im neoklassizistischen Stil ragt wie ein großer Eckpfeiler in die Höhe. Von außen vermittelt es dem Betrachter einen schicken Eindruck, doch sobald man das Hotel betritt, wird man von einem klassischen Charme umfangen – ein beinahe romantisches Ambiente. Auch hier war ich in den insgesamt 14 Jahren dauernden Dreharbeiten immer wieder gerne.

Sollten Sie zu den Nostalgikern in Sachen Wohnen gehören, ist das prestigeträchtige Büyük Londra (Grand Hotel De Londres) ein Muss. Das Hotel wurde Mitte des 19. Jh. erbaut und erinnert nicht nur von außen an diese glorreiche Epoche. Der Stil der Inneneinrichtung wurde bewusst beibehalten, damit man gefühlt in die Vergangenheit eintauchen kann. Die Zimmer sind nach Kategorien gestaltet: Es gibt z. B. ein »Orient-Express-Zimmer« und ein »Agatha-Christie-Zimmer«.

Sterne, Sternchen und andere Vorzüge

Sie können sich denken, dass eine Millionenstadt wie Istanbul heute mit einer Fülle von Hotels aufwartet, unter denen der Gast nach seinen persönlichen Bedürfnissen und Ansprüchen logieren kann, sei es nun Geschmack, Komfort, Lage oder die Beschaffenheit seines Budgets. Wer sich fünf Sterne leisten kann oder mag, ist mit einem Hotel vom Schlag der Hagia Sofia Mansions Istanbul (Curio Collection by Hilton, im Stadtteil Fatih) natürlich bestens bedient. Den Gast erwartet ein traditionelles türkisches Haus, das bereits in früheren Zeiten von osmanischen Edelleuten als standesgemäße Unterkunft genutzt wurde. Nicht minder elegant und exklusiv residiert es sich im Shangri-La Bosphorus, im Mandarin Oriental und im Hotel Les Ottomans, alle drei im Stadtteil Beşiktaş gelegen. In Beyoğlu können sich Gäste neben Pera Palace und Büyük Londra auch im noblen Soho House nach Herzenslust verwöhnen lassen. Im Stadtteil Fatih ist das im

HÄTTEN SIE'S GEWUSST?

Drehort Hotel

Istanbuler Hotels boten schon oft eine prächtige Kulisse für Filme aller Art. Das Pera Palace durfte im James-Bond-Klassiker »Liebesgrüße aus Moskau« eine kleine, aber feine Rolle spielen. Regisseur Fatih Akin, der sowohl in der Türkei als auch in Deutschland ein Begriff ist, nutzte für Szenen seiner Doku »Crossing the Bridge: The Sound of Istanbul« das herrlich altmodische Hotel Büyük Londra (s. Foto). Auch Teile seines preisgekrönten Kinofilms »Gegen die Wand« wurden dort gedreht, einigen anderen Szenen diente das 17-stöckige Hotel Marmara Palace am Taksim-Platz als Drehort.

Kolonialstil errichtete Orient Express & Spa by Orka Hotels eine erste Adresse, die höchsten Ansprüchen gerecht wird.

Wer gern mittendrin ist im städtischen Trubel, wird an den Boutiquehotels Room Mate Emir, Taxim Lounge Hotel, Peradays und Corinne Hotel seine helle Freude haben. Drinnen warten geschmackvolle Zimmer, Roof Gardens und andere Annehmlichkeiten, draußen bzw. in unmittelbarer Nähe Läden, Restaurants, Museen und andere Sehenswürdigkeiten. Hier lässt sich exklusives Wohnen perfekt mit Kulturangeboten, Shopping und Nachtleben vereinen. Wer sein Haupt im quirligen Basarviertel nahe dem Großes Basar ruhen lassen möchte, dem sei das familiäre Miniature Hotel – Ottoman Mansion empfohlen. Keine Sorge, es liegt in einer ruhigen Seitengasse und dennoch ganz in der Nähe des Basars, der Hagia Sophia und anderer Sehenswürdigkeiten. Schon das stattliche Haus von 1875, in dem das Hotel untergebracht ist, zieht neugierige Blicke auf sich. Seinen Namen trägt es nicht von ungefähr, mit nur zehn Zimmern ist es tatsächlich »miniature« oder anders ausge-

Die Terrasse des Miniature Hotels, ein Ort zum Frühstücken und Wohlfühlen

Das Witt Hotel in Cihangir genießt bei Gästen einen ausgezeichneten Ruf.

drückt: klein, aber so was von oho. Die Räumlichkeiten sind individuell, fantasie- und geschmackvoll gestaltet, und zwei malerische Dachterrassen gibt es auch noch. Ebenfalls in einer ruhigen Straße, im Stadtteil Galata, hat sich die Istanbuler Designerin Sema Topaloğlu mit dem Four Floors auf beeindruckende Weise verwirklicht. Die Designerin hat eine vierstöckige Villa aus dem 19. Jh. so umgestaltet, dass der charakteristische historische Stil des Steinhauses einerseits erhalten blieb, die Räumlichkeiten andererseits durch moderne Elemente und liebevolle Details viel Komfort, Ästhetik und Charme hinzugewonnen haben. Hübsch anzusehen und effektvoll: rustikale Balkendecken, unverputzte Backsteinwände, kombiniert mit zeitlosem Mobiliar und einigen ausgewählten modischen Accessoires.

Ein wenig außerhalb, im trendigen Stadtteil Cihangir, ist das Witt Istanbul (s. Foto oben und S. 127) eine gute Adresse, ebenfalls ein Designhotel, und zwar eines, das dieser Bezeichnung mehr als gerecht wird. Es bietet 17 geräumige Zimmer, einige von ihnen mit Kitchenette für Selbstversorger. Es gibt Panoramazimmer mit fantastischem Ausblick. Das Interieur: schnörkellos, aber geschmackvoll, mit einem Hauch Retrochic. Das Frühstück: hausgemacht, mit Bio-Zutaten. Fazit: eine ideale Kombi.

Natürlich gibt es in dieser riesigen Stadt ein nicht minder riesiges Angebot für junge Leute, die mit ihrer Urlaubskasse haushalten müssen: Bed & Breakfast-Adressen, Hostels, Airbnb-Unterkünfte, Pensionen, Privatzimmer, YMCA und Jugendherbergen für Backpacker. Informationen darüber geben die Istanbul Tourist Information (istanbul-tourist-infor mation.com) und die diversen Anbieter. Siehe hierzu auch das Kapitel Istanbul von A–Z (s. S. 184).

Was und wo?

Wie man sich bettet, so liegt man bekanntlich. Hier eine Auswahl an Hoteladressen in verschiedenen Kategorien. Den Anfang macht die Königsklasse mit ausgewählten Hotels, die allerhöchsten Komfort und Service versprechen (und halten), gefolgt von Art-, Design- und Boutiquehotels in zentraler Lage oder etwas außerhalb.

FÜNF-STERNE-HOTELS

Büyük Londra Oteli

Geschichtsträchtiges Haus voller Nostalgie und verblasstem Luxus, aber mit unendlich viel Charme und einem munter plappernden Papagei in der Lobby. Setzen Sie sich an die Bar und lauschen den Geschichten des Barkeepers!

• Asmalı Mescit
Meşrutiyet Cd. No. 53
34430 Beyoğlu
londrahotel.net/tr

Pera Palace Hotel

Grandhotel aus den Anfängen des »Orient Express« mit dem Glanz des »Fin de Siècle«, viel Charme und Tradition.

• Evliya Çelebi, Meşrutiyet Caddesi
Tepebaşı Cd. No. 52
34430 Beyoğlu
www.perapalace.com

Soho House

Topadresse mit allem, was sich der verwöhnte Gast nur wünschen kann: 87 luxuriöse Zimmer, Komfort, Wellness & Spa, Kunstausstellung, drei Restaurants und erstklassiger Service.

• Evliya Çelebi
Meşrutiyet Cd. No. 56
34430 Beyoğlu
www.sohohouse.com/de/houses/soho-house-istanbul

ART-, DESIGN- UND BOUTIQUEHOTELS

4 Floors

Eine vierstöckige Villa aus dem 19. Jh. in ruhiger Lage wurde dank einer genialen Designerin zu einer gelungenen Synthese aus Alt und Neu.

• Tomtom, Tercüman Çk. No. 18
34433 Galata
www.4floorsistanbul.com

Corinne Art & Boutique Hotel

39 stilvoll eingerichtete Zimmer in einem sorgfältig restaurierten Altbau. Dachterrasse mit Traumblick über die Dächer der Stadt. Art Gallery mit moderner Kunst. Leibliche Genüsse offerieren Corinne Brasserie und Bar.

• Kuloğlu, Turnacıbaşı Cd. No. 41
34433 Beyoğlu
corinnehotel.com

Hotel Peradays
Ein Design Hotel zum rundherum Wohlfühlen, rustikale Ziegelwände, hippe Loft Suites. Neben Restaurant und Terrasse hat es sogar eine Gemeinschaftsküche mit Essplätzen.
- Kamer Hatun
  Hamalbaşı Cd. 32
  34435 Beyoğlu
  www.peradays.com

Miniature Hotel – Ottoman Mansion
Ein historisches Kleinod im Basarviertel, aber in ruhiger Lage. Schon das fast 150 Jahre alte Gebäude ist ein Hingucker! Die Atmosphäre: familiär und gastlich.
- Alemdar
  Molla Fenari Sk. No. 22
  34110 Cagloğlu, Fatih
  www.hotelminiatureistanbul.com

Room Mate Emir
Ein Boutiquehotel, das sich selbst als »Oase für die Sinne« bezeichnet. In toller Lage, nahe der Einkaufsstraße Istiklal.
- Kuloğlu Mahallesi Sadri Alışık
  Sk. 33, 34433 Beyoğlu
  room-matehotels.com/de/emir

Witt Istanbul
Prämiertes Boutiquehotel im Stadtteil Cihangir mit 17 elegant ausgestatteten Zimmern und Suiten sowie einer zauberhaften Dachterrasse.
- Defterdar Yokuşu 26
  34433 Cihangir
  wittistanbul.com

Taxim Lounge Hotel
Ein hübsches Drei-Sterne-Hotel in zentraler Lage: geschmackvoll modernisiert und ausgestattet. Mit hauseigenem Café-Restaurant.
- Katip Mustafa Çelebi Mahallesi
  Hasnun Galip Sk. No. 9
  34433 Beyoğlu
  www.taximloungehotel.com

Das Soho House überzeugt mit Komfort und weiteren Annehmlichkeiten.

Nachts ist in der Altstadt immer was los. Der Galataturm nimmt's gelassen.

8

Istanbul by Night

Mondäne Clubs, märchenhafte Cocktails, Bauchtanz und Discokugeln

Wenn es Nacht wird am Bosporus

… dann verwandelt sich die Millionenstadt in ein funkelndes Lichtermeer. Bars und Clubs öffnen ihre Pforten, und eine lachende, glückliche Menschenmenge strömt auf den Straßen umher. Vor allem in Künstlervierteln und nobleren Gegenden ist das Angebot an Vergnügungstempeln groß und bunt.

Da gibt es Bars, in denen die phänomenalsten Drinks gemixt, geschüttelt, gerührt und serviert werden. Und mondäne Nachtclubs, in denen man bis in die frühen Morgenstunden tanzen und sich amüsieren kann. Istanbul hat eben viele Gesichter und ist sicherlich eine der kontrastreichsten Städte der Welt. Was das Nachtleben anbelangt, so unterscheidet sich die Boomtown am Bosporus in einer Sache kein bisschen von anderen Städten: Vor den angesagten Clubs stehen muskelbepackte Türsteher, die jeden männlichen Gast, der Einlass begehrt, prüfend taxieren und binnen einem Wimpernschlag entscheiden, ob dieser dazu für würdig befunden wird oder nicht. Denn für alle gehobenen Clubs, von der Isar über die Nobelschuppen an der Seine bis zu den Edel-Hotspots am Bosporus, gilt dieselbe Devise: »In« ist, wer drin ist!

Geschüttelt oder gerührt?

Ich habe vor einiger Zeit mit meinem Freund und Kollegen Alper Kul, der ebenfalls Schauspieler ist und in Istanbul lebt, eine Tour gemacht, bei der er mir einige der schönsten und besten Cocktailbars gezeigt hat. Alper und ich sind befreundet, seitdem ich ihn bei den Dreharbeiten zur TV-Serie »Mordkommission Istanbul« als exzellenten Schauspieler kennen- und schätzen gelernt habe.

Ein toller Kerl, der sich noch dazu in Istanbul richtig gut auskennt. Ich trinke normalerweise kaum Alkohol. Und wenn, dann nur zu besonderen Anlässen. Heute ist so einer, und ich freue mich darauf, mal ein bisschen von allem zu probieren.

Im Stadtviertel Bebek haben wir unsere Tour gestartet. Zunächst flanierten wir am Ufer des Bosporus, auf der Cevdet Pasa Caddesi, entlang. In dieser Gegend laden viele exquisite Restaurants zum Besuch ein.

Alper schwärmte mir von den tollen Fischrestaurants vor, die es hier überall gibt. Ich blickte dem Abend also freudig und gespannt entgegen. Die Gegend: edel, elegant und obendrein sicher. Überall malerische Holzhäuser, die im Schein von gedämpften Lichtern beinahe romantisch wirken. Bebek ist ein perfekter Ort für ein gelungenes Vorabendprogramm. Ich nehme mir vor, dass ich an einem der nächsten Abende unbedingt noch mal mit meinem Sohn Elyas hier essen gehen möchte. Auf dem Weg dorthin gibt es eine kleine Eisdiele, in der Bio-Eiscreme angeboten wird. Mit einer Eistüte in der Hand geht es weiter Richtung Arnavutköy.

Im Angelo Grande, das auch für seine raffinierten Cocktails bekannt ist, wird erst einmal eine vernünftige Grundlage geschaffen. Pizza scheint dafür genau das Richtige zu sein. Es gibt jede Menge guter Cafés und Restaurants in dieser Ecke, die sich nach 21, 22 Uhr in eine Lounge Bar verwandeln, wo du die allerbesten Cocktails kriegst, erzählt Alper. Liveshows und Konzerte starten meist erst nach Mitternacht, auch das hat Istanbul mit anderen europäischen Großstädten gemein. Alper

Am besten startet man ins Nachtleben mit einem raffinierten Cocktail.

meint, da gehen wir später noch hin, ahnt zu diesem Zeitpunkt aber noch nicht, dass es dazu gar nicht mehr kommen wird. Das Cocktail-Angebot in den Bars war einfach zu hin- und mitreißend.

Ab aufs Rooftop

Nach dem Essen bei Angelo geht es weiter ins Boop Kuruçeşme. Dabei handelt es sich um ein sehr stylisches Restaurant/Lounge Bar mit einem DJ, der stimmungsvolle Musik spielt. Wir sitzen im Freien, die Atmosphäre ist unfassbar angenehm. Fast fühlt es sich wie ein lauer Sommerabend an, dabei ist es Mitte Oktober. Unsere Bartour geht weiter, die Straße runter zum Korto. Ein edles Rooftop-Restaurant mit Bar, das sich über mehrere Etagen erstreckt, und wo ausgezeichnetes Sushi serviert wird. Genau das haben wir dann auch erst einmal bestellt. Darauf folgte ein legendärer Cocktail nach dem anderen. Drinks mit ausgefallenen Namen und für ausgefallene Geschmäcker. Ein unglaublicher Genuss. Ich würde fast wagen zu behaupten, dass im Korto die besten Cocktails der Stadt gemixt werden.Auch hier verwöhnt die fein ausgewählte Musik eines erstklassigen DJs die Ohren. Irgendwann im Laufe des Abends gehen wir zu tiefgründigeren Themen über, und Alper erzählt mir etwas über die Prinzeninseln, griechische Mythologie und Meerjungfrauen. Das war ein unvergesslicher Abend. Und ich muss sagen, trotz der zahlreichen Cocktails, denen man beim Trinken ihren Alkoholgehalt kaum angemerkt hat, bin ich am nächsten Morgen ohne Kater aus dem Bett gekommen – kurzum, ein »Abend« in puncto Nachtleben genau nach meinem Geschmack.

Orte für Partygänger und Nachtschwärmer

Es gibt noch etliche andere Viertel in Istanbul, die in Sachen Nachtleben einiges zu bieten haben. Vor allem Beyoğlu ist ein populärer Ort für Partyschwärmer. Rund um den Taksim-Platz befinden sich unzählige Nachtclubs, tolle Restaurants, Szenebars, Kino- und Konzertsäle. Da ist garantiert für jeden Geschmack etwas dabei. Mitunter mutieren sogar ganze Straßenzüge zur Partymeile. Auch Beşiktaş, Kadıköy, Balat und diverse Plätze am Bosporus-Ufer sind für ihr trubeliges Nachtleben bekannt und geschätzt. Verweilen wir also ein wenig am Bosporus: Hier verlockt ein mondäner Nachtclub mit Restaurant zum Besuch: Disco &

Boop: ein Mix aus Restaurant, Lounge Bar und Nightclub mit DJ und toller Musik

Restaurant Club Sortie. Dieser Nachtclub, in dem die Elite Istanbuls verkehrt, beeindruckt durch sein gelungenes Design, große Panoramafenster und Lichteffekte, die schwer zu toppen sind. Diniert wird drinnen oder auf der Terrasse am Wasser – mit Blick auf die nächtlich glitzernde Bosporus-Brücke. Überflüssig zu sagen, dass auch hier die Cocktails top sind, die Atmosphäre faszinierend und die Musik überragend. Schließlich legen hier die besten DJs der Stadt auf. Der funkelnde Kristallleuchter an der Decke ist genauso ein Hingucker wie die anderen extravaganten Accessoires. Angenehmer Nebeneffekt: Man kann den Besuch mit einem stimmungsvollen Spaziergang entlang dem Ufer verbinden oder auch ausklingen lassen.

Wenn die Lichter der Stadt nachts auf dem Wasser herumhüpfen, hin und her tänzeln und sich im Meer spiegeln, ist das pure Magie.

NICHT VERPASSEN

Mögen Sie Rakı? Und wie unterscheidet sich Rakı vom griechischen Ouzo? Beginnen wir mit den Basics: Das hochprozentige (40 bis 50%) türkische Nationalgetränk ist ein aus Trauben oder Rosinen gebrannter Schnaps, der mit Anissamen aromatisiert wird. Für gewöhnlich trinkt man ihn 1:1 mit Wasser verdünnt, was ihm ein milchiges Aussehen verleiht, und nach Belieben mit einem Eiswürfel. Rakı wird als Aperitif, aber auch zum Essen serviert. Der griechische Ouzo hingegen wird aus Trester gebrannt, und neben Anis werden ihm auch Fenchelsamen, Gewürze und Kräuter zugesetzt. Das Nonplusultra ist eine sogenannte Rakı-Tafel, ein gemeinsames Festessen mit einer Fülle warmer und kalter »meze« (Vorspeisen). Untermalt wird das üppige Mahl von türkischer Musik, und ohne auf die Uhr zu schauen wird dabei genüsslich getafelt, gezecht und geplauscht.

Tanz und Gesang – Tradition und Folklore

Für Livemusik hegen die Menschen in Istanbul eine besondere Leidenschaft. In einigen Bars und Kneipen sitzen die Menschen gemütlich beisammen, essen und genießen dazu Livemusik. Das KumSaati Jazz Blues ist eine kuschlige Jazz-Bar, in der jedes Wochenende mitreißende Musik die Gäste begeistert. Jazz-Fans werden hier einen wundervollen Abend verleben. Im The Bite kommt im Laufe eines Abends ebenfalls ordentlich Stimmung auf. Hier gibt es Livemusik unterschiedlicher Art. Wer mehr auf elektronische Klänge steht, sollte sich das Mini Muzikhol mal ansehen. Ein kleiner, feiner Club in Cihangir, aber sehr beliebt und dementsprechend gut besucht. Für mich persönlich sind solche Clubs nichts, da ich niemand bin, der sich gern in Menschenmassen aufhält. Aber wie man in Köln so treffend sagt: »Jeder Jeck is anders.« Und auch von der Musikrichtung her ist dieser Laden eine gute Adresse.

Wer hingegen ein wenig in die Kultur des Landes eintauchen möchte: Es gibt eine Reihe traditioneller Bräuche, die einem in Istanbul den Abend versüßen können. Dazu gehören traditionelle »Fasıl«-Musik und Bauchtanz. »Fasıl« rechnet man der klassischen Osmanischen Musik zu, die heute wieder sehr aktuell ist. Sie besteht aus Musik und Gesang (auch im Chor), mit einem ständigen Wechsel von langsamen und schnellen

Rhythmen, von instrumentalen und gesungenen Stücken, mitunter sogar von Pop durchsetzt. Man hört diese Musik häufig in Tavernen oder bei Liveshows. Der Bauchtanz hat seinen Ursprung im Orient und wird in Istanbul als traditioneller Volkstanz in vielen Shows angeboten. Ein angenehmer Ort, wo man gepflegt zu Abend essen und sich danach eine Bauchtanz-Aufführung ansehen kann, ist das Sultana's Dinner and Belly Dancing 1001 Nights Show. Überdies gibt es auch sehr exklusive Schiffstour-Angebote, bei denen man spektakuläre Bauchtanz-Vorführungen während eines Dinners geboten bekommt. Beim Thema Bauchtanz sollte man als Tourist jedoch grundsätzlich aufpassen, dass man nicht in eine reine Touristenveranstaltung gerät. Bauchtanz kann sehr ästhetisch und auch sinnlich sein, eine reine »Nabelschau« mit viel nackter Haut ist er allerdings nicht! Last but not least ist ein beliebter Zeitvertreib für Istanbuler ein Kinobesuch. Es gibt in der Stadt sowohl hypermoderne Filmsäle als auch alte nostalgische Filmtheater, die viel Charme verströmen. Zahlreiche Kinos warten an der Istiklal Caddesi in der Altstadt auf Besucher, darunter das zu einer Kette gehörende Movieplex. Ein eher plüschiger Vertreter seiner Zunft ist das Cinema Surreyya (Bahariye Cd. 29) mit seinem Fünfzigerjahre-Flair. Die meisten Streifen werden in türkischer Sprache mit englischen Untertiteln ausgestrahlt. Das Repertoire an Filmen ist ähnlich wie in anderen Großstädten und umfasst Filmkomödien ebenso wie die gängigen Blockbuster, Thriller und Filmdokus. Und nun wünsche ich Ihnen einen tollen Abend in Istanbul und viel Vergnügen.

Orientalisches Erbe: Bauchtanz

Was?

Hier finden Sie Tipps für einen vergnüglichen Abend in der Partystadt Istanbul. Nachtleben ist bekanntlich individuell. Der eine beginnt es mit einem Aperitif, gefolgt von einem exquisiten Abendessen in netter Gesellschaft, gern dezent musikalisch untermalt. Der dritte will danach noch in eine intime Jazz-Bar, ein Konzert oder ins Kino. Oder in der Disco bis zum Morgengrauen abtanzen. Istanbul bietet alles, oftmals sogar in einer einzigen Location, die Bar, Restaurant, Lounge und Dancefloor vereint.

BAR/RESTAURANT/ LOUNGE

Tagsüber zeigen sich viele Lokale von ihrer braven Seite, nach 21 Uhr mutieren sie zu »Schönen der Nacht«, mit Restaurant, stylischer Bar oder Lounge auf dem Rooftop sowie DJ und Dancefloor.

Wo und wann?

Angelo Grande

Music, Food & Dance, nicht zu vergessen: göttliche Cocktails. Dazu ein cooler Tresen, kuschlige Sitznischen und illuminierte Engelsflügel an der Wand. Da muss man sich überirdisch fühlen.

- Arnavutköy
  Bebek Arnavutköy Cd. No. 92
  34353 Beşiktaş
  www.angelogrande.com
  Tgl. bis 1 Uhr

Boop Kuruçeşme

Cocktail, Music & Food verspricht die Karte des boop (und hält das Versprechen auch). Tagsüber führt es ein »normales« Leben, abends zieht es seine »Dancing Shoes« an und verwandelt sich in einen Nachtclub erster Güte. Tolle DJs.

- Eski Dolap Sk. No. 16/1
  34345 Beşiktaş
  www.instagram.com/boopkurucesme/?hl=de
  Tgl. bis 1 Uhr

Indigo

In diesem schicken kleinen Dance & Night Club legen internationale DJs auf (auch Techno!). Tolles Ambiente mit viel Glamour und Glitzer.

- Piyalepaşa, Akarsu Sk. No. 1
  34440 Beyoğlu
  Fr, Sa 23–5 Uhr

Korto

Im Stadtteil Kuruçeşme und bei Nachtschwärmern sehr angesagt. Es gibt Sushi Menü, raffinierte Cocktails, Kerzenlicht, Rooftop und heiße Musik vom DJ.

- Kuruçeşme Mahallesi Muallim
  Naci Caddesi

Öksüz Çocuk Sk. No. 7
34345 Beşiktaş
www.facebook.com/p/Korto-Live
Tgl. bis 2 Uhr

Sortie
Stylisch und mega (3500 m²). Die Lage am Bosporusufer ist atemberaubend. Exquisite Küche (Seafood). Hier tanzt und vergnügt sich die Oberschicht der Stadt.

- Kuruçeşme, Muallim Naci Cd. No. 54
  34345 Beşiktaş
  www.sortie.com/tr
  Tgl. 18–4 Uhr

LIVEMUSIK UND -SHOWS

Hier einige Empfehlungen zu Lokalen, die sich auf Livemusik oder Tanzdarbietungen spezialisiert haben: Jazz und Blues ebenso Electronic sowie exklusive Dinnershows mit »Fasıl«-Musik und Bauchtanz.

Wo und wann?

KumSaati Jazz Blues
Wie der Name schon verrät, geben hier Jazz und Blues den Ton an. Die Gäste sind begeistert, die Stimmung könnte nicht besser sein.

- Asmalı Mescit, Jurnal Sk. No. 17
  34430 Beyoğlu
  www.kumsaatiblues.com
  Mo–Sa 15–2 Uhr (Livemusik ab 22 Uhr)

MiniMuzikhol
Wer elektronischen Sound mag, ist im hier, im ältesten Underground-Club Istanbuls, goldrichtig. Seit 1995 im Herzen der Altstadt.

- Soğancı Sk. No. 3
  34433 Cihangir/Beyoğlu
  www.minimuzikhol.club
  Do–So ab 22 Uhr (open end)

Sultana's Dinner and Belly Dancing 1001 Nights Show
Seit mehr als 20 Jahren werden hier in großem Stil hochkarätige Dinnershows zelebriert: mit professionellen Bauchtanz-Performances und traditionellen türkischen Tänzen/Musik.

- İnönü, Cumhuriyet Cd. No. 40
  34000 Harbiye
  www.sultanas-nights.com
  Details siehe Website

The Bite Balo
Gut besuchte Kellerbar mit Live-Interpreten unterschiedlicher Musikgenres (Pop, Singer-Songwriter, türkische Musik). Die Stimmung ist gut, es gibt kleine Gerichte, Bier und gute Drinks. Vernünftige Preise.

- Hüseyinağa Mahallesi
  Solakzade Sk. No. 10
  34000 Beyoğlu
  the-bite-taksim.business.site
  Tgl. 10–4 Uhr

Türkische Musik – Gefühle in Melodien und Worte gebettet

»Musik ist das größte Geschenk, das uns Menschen gegeben wurde«, erkannte bereits Oscar Wilde. Sie schlägt sich direkt auf unsere Stimmung nieder und kann unsere Emotionen enorm beeinflussen. Für die türkische Musik gilt das ganz besonders.

Ob alt und traditionell oder auch neu und modern, türkische Musik ist meist geprägt durch orientalische Klänge. Die heutige, moderne Musik bedient sich größtenteils rhythmischer, elektronischer Beats. Alte türkische Musik dagegen ist eher melodischer und einschmeichelnder. Bei den Texten stehen natürlich Liebe, Leidenschaft und selbstverständlich auch Drama im Zentrum des Geschehens. Eine Kombination, die bewegt: mystische, oft melancholische Melodien und herzzerreißende Texte.

Orientalische Anklänge

Doch machen wir zunächst einmal eine kleine Reise durch die Geschichte der türkischen Musik, die man in zwei traditionelle Richtungen gliedern kann: Kunstmusik und Volksmusik. Die türkische Kunstmusik (»Türk Sanat Müziği«) stammt aus dem 14. Jh. Ihre Grundlage ist der »Makam« (»Maqam«), ein System aus verschiedenen Tonarten/Tonleitern und weiteren Kompositionsregeln. Damit ist die Anordnung der Töne gemeint, durch die ein orientalischer Klang entsteht. Die Hauptinstrumente der türkischen Kunstmusik sind die Tanbur (eine dreisaitige Langhalslaute), die Oud oder Ud (eine Kurzhalslaute) sowie die Ney, eine spezielle Flöte, die man meistens von der arabischen, persischen und türkischen Musik her kennt. Ferner kommen auch Celli, Geigen, Klarinetten, Kontrabässe und weitere Instrumente zum Einsatz. Generell ist die türkische Kunstmusik stark von persischer und arabischer Musik beeinflusst.

Von der Kunstmusik zur türkischen Volksmusik. Ihr Ursprung rührt aus der Kultur türkischsprachiger Gemeinden des Balkans, Anatoliens und des Nahen Ostens. Neben arabesken Elementen wurde sie im Lauf der Jahre auch von anderen Kulturen beeinflusst, darunter europäischen. Im Gegensatz zur klassischen Musik, die sich früher vorwiegend in gehobeneren Schichten etablierte, ist die Volksmusik durch die ländliche Bevölkerung geprägt. In dieser Musik wurde das Leben des einfachen Volks widergespiegelt.

Lieder über Liebe und Leid

»Aşık« ist die Bezeichnung für einen Volksliedsänger, der eine Geschichte erzählt. Der Begriff wird seit dem 16. Jh. verwendet und geht auf eine uralte Tradition zurück, die ihre Wurzeln in der vorislamischen Zeit hat. Ein sogenannter Ozan (Poet) war ein Sänger, der wie die Spielleute im Mittelalter von Stadt zu Stadt zog und seine Lieder mit einer Komuz, einer Langhalslaute, dem Volk vortrug. »Uzun hava« werden diese Volkslieder genannt. Meist sind es Klage- oder Liebeslieder. Charakteristisch

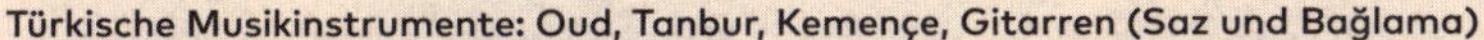

Türkische Musikinstrumente: Oud, Tanbur, Kemençe, Gitarren (Saz und Bağlama)

Familientreffen: Neben mir meine Cousine Çiğdem und ihr Mann Bülent

für sie sind ihre ausgedehnten Phrasen, begleitet von melancholischen Melodien. Türkische Musik ist ausdrucksstark und emotional wie kaum eine andere und hat mich tief im Inneren immer sehr berührt.

Der Mann meiner Cousine Çiğdem, Bülent Ortaçgil, ist in der Türkei ein sehr bekannter Musiker. Bülent gilt seit den 1970er-Jahren als *der* Cat Stevens der Türkei. Seine Musik ist berührend und trifft direkt ins Herz. Sobald er zur Gitarre greift und mit seinem dunklen Timbre seine einfühlsamen Texte singt, verzaubert er damit sein Publikum. »Bu Su Hiç Durmaz« und »Sensiz Olmaz« sind die bekanntesten seiner von ihm veröffentlichten Lieder und natürlich auch auf YouTube zu finden.

Eine Sängerin, deren Musik die Menschen sehr bewegt, ist Sezen Aksu. Sie schreibt ihre tiefgründigen Texte selbst und komponiert auch die Musik zu ihren Liedern. Auch für zahlreiche andere Künstler ist sie als Songwriterin tätig. Sie ist als Entdeckerin von vielen beliebten türkischen Musikern bekannt (u. a. Tarkan) und erlangte im Laufe ihrer Karriere in der Türkei große Beliebtheit. Auch in Deutschland wurde sie durch die mit Udo Lindenberg 1989 veröffentlichte Single »Belalım« bekannt. 1993 entstand mit Lindenberg der von Sezen Akzu komponierte Song »Messer in mein Herz«. Über Istanbul komponierte die talentierte Musikerin einen großartigen Song: »İstanbul İstanbul Olalı« (2002).

Der 1972 in Rheinhessen geborene Singer-Songwriter Tarkan ist in der Türkei ebenso bekannt wie in Deutschland. Sein Titel »Şımarık« gilt als weltweit bekanntester türkischer Popsong und wurde mit einem World Music Award ausgezeichnet. Auch er schrieb ein Lied über Istanbul: »İstanbul Ağlıyor«, eine sentimentale Liebesweise, in der er beklagt, dass seine Liebste ihn verlässt und in der Stadt alleine zurücklässt.

Eine deutsch-türkische Sängerin mit wunderschöner Stimme ist die in München geborene und inzwischen wieder in Istanbul lebende Aynur Aydın. Dort produziert sie mit Leidenschaft ihre Musik (Pop/Dance). In ihrer Freizeit kümmert sich Aynur um die Straßenkatzen Istanbuls.

Türkische Musik hat so viele unterschiedliche Einflüsse und Facetten. Trotz der Entwicklung hin zur modernen Pop-Musik ist sie (in den meisten Fällen) ihrem orientalischen Klangcharakter treu geblieben. Ich persönlich bevorzuge die »Oldies« und höre diese wahnsinnig gerne, am liebsten natürlich an einem lauen Sommerabend am Bosporus.

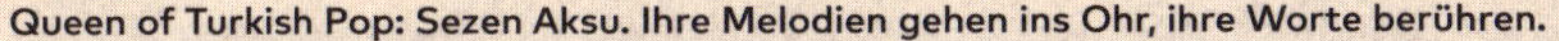

Queen of Turkish Pop: Sezen Aksu. Ihre Melodien gehen ins Ohr, ihre Worte berühren.

Bunt, quirlig und weltoffen: Cihangir und seine Bewohner

9

Streifzug durch Cihangir

Wie ein Fels aus dem Meer,
Charme und Boheme,
Straßenkatzen und ein Nobelpreisträger

Farbtupfer am Bosporus

Heute geht es nach Cihangir – ein reizendes Stadtviertel in Hanglage und bekannt für seine rege Künstlerszene. Nach und nach haben sich hier Schauspieler und Schriftsteller, Musiker und Galeristen angesiedelt, die dem Vorort Farbe und Flair verleihen.

Dieses junge Szeneviertel, zwischen Taksim-Platz und Kabatas gelegen, wurde nach Şehzade Cihangir benannt, dem jüngsten Sohn von Sultan Süleyman I. und seiner Frau Hürrem Sultan. Da der osmanische Prinz bereits im zarten Alter von zwei Jahren verstorben ist, ließ sein Vater zum Gedenken an ihn hier zwischen 1559 und 1560 eine Moschee mit Blick auf den Bosporus erbauen. Sie sollte wie ein Fels aus dem Meer ragen. Ausgeführt hat diese Pläne kein Geringerer als der legendäre Baumeister Mimar Sinan. Er stattete die Moschee mit einer Kuppel und zwei Minaretten aus, umrahmt war sie von einem blühenden Garten mit herrlichem Blick auf Stadt und Meer. Vielleicht gab man ihr auch deshalb den Namen Cihangir, der übersetzt so viel bedeutet wie »Der Eroberer der Welt«. Ende des 19. Jh., unter Sultan Abdülmecit II., wurde die Cihangir-Moschee neu errichtet, da ihr in der Zwischenzeit Erdbeben und Brände viele Wunden zugefügt hatten.

Kreativ, kunstsinnig und weltoffen

Das an einem Hang gelegene malerische Stadtviertel, das zum Bezirk Beyoğlu gehört, zeichnet sich durch allerlei Farbtupfer aus: kleine Galerien, viele Antiquitätenläden und gemütliche Straßencafés. Neben Buchhandlungen mit individuellem Sortiment haben sich hier Tür an Tür Läden mit Kunsthandwerk, aber auch Obst- und Gemüsehändler angesiedelt. Unweit der Moschee und mit tollem Meerblick erstreckt sich der kleine Cihangir Park mit Spielplatz, Picknickplätzen und einem kleinen Teehaus. Obwohl das Viertel recht belebt ist, herrscht hier eine ausgesprochen angenehme, ich möchte sogar sagen – entspannte – Atmosphäre. Ich genieße es, zwischen den altehrwürdigen, mit Stuck verzierten Häusern, alten Bäumen und efeuumrankten Mauern durch die Gassen zu schlendern. Die Gegend verkörpert ein Gefühl von Freiheit und Weltoffenheit. Sie hat auch eine interessante Geschichte zu erzählen, denn früher lebten vorwiegend Kaufleute und Diplomaten hier, und in einigen der wunderschönen alten Gebäude waren Botschaften untergebracht. Das änderte sich schlagartig nach der Verlegung des Regierungssitzes von Istanbul nach Ankara: Die meisten Geschäfte und Restaurants schlossen ihre Pforten, Cihangir fiel in eine Art Dornröschenschlaf und – noch schlimmer – kam im Lauf der Zeit herunter. Durch die niedrigen Preise zog es allerdings mit der Zeit viele Künstler an und solche, die es werden wollten, auch Studenten konnten sich die Mieten hier leisten. Langsam kam wieder Leben in die Straßen und Gassen. Cafés, Galerien und Läden eröffneten. Und so entstand das Bild von Cihangir, wie man es heute kennt und liebt. Und das mich stets ein klein wenig an Berlins Prenzlauer Berg erinnert. Dann begann das, was man auch anderswo zur Genüge kennt. Dadurch, dass das Viertel immer trendiger wurde, wollten immer mehr Menschen herziehen, was wiederum zu einem beträchtlichen Anstieg der Mieten führte. Heute ist Cihangir eine der beliebtesten Wohngegenden, was zum einen auf seinen künstlerischen Charme zurückzuführen ist, zum anderen auf seine zentrale Lage: Istanbuls Sehenswürdigkeiten, seine Plätze, Museen, Theater, Clubs etc. sind von hier aus schnell und bequem erreichbar. Die Gentrifizierung blieb aus, denn trotz der hohen Mieten bleiben die Künstler ihrem Viertel Cihangir treu. Man tut sich zusammen und gründet Wohngemeinschaften, man hilft sich gegenseitig und entwickelt gemeinsam Projekte.

An jeder Ecke in Cihangir gibt es so viel zu sehen … und zu fotografieren!

Entschleunigung ist angesagt

Während ich durch eine der ruhigen Straßen des Viertels (Bakraç Sokak) laufe, fällt mir ein kleines Geschäft in einem Haus auf, dessen Fassade in einem auffälligen Babyblau gestrichen ist. Im Schaufenster entdecke ich wunderschönes Kinderspielzeug: selbst gehäkelte Kuscheltiere, Schnullerketten, Taschen …, alles mit viel Liebe zum Detail hergestellt. Im Laden unterhalte ich mich mit dem Bruder der Inhaberin. Er erzählt mir, dass seine Schwester alle hier angebotenen Produkte selbst herstellt. Alles handmade! Etwas, das ich sowieso gerne unterstütze. Und da die Spielsachen wirklich hübsch sind, wird gleich mal ein »kleiner Großeinkauf« getätigt. Weiter geht's in entspanntem Tempo. Obwohl es Ende des Sommers ist, fühle ich mich hier wie im Frühling, auch bedingt durch die blühenden Pflanzen rundherum. Am Ende der Straße biege ich links ab auf die Sıraselviler. Aus einem Laden, der Schallplatten verkauft, ertönt Musik. Sie lesen richtig: Schallplatten! Ich atme tief ein und aus und komme noch mehr in diesem wunderbaren Moment an. In einer Rechtskurve geht es eine leichte Steigung runter, dort, in der Firucaga Cami Sokak verlocken viele kleine Geschäfte zum Herumstöbern. Auch das Doyum Café Mantı zu meiner Linken wirkt sehr einladend. Als ich nach rechts, in die Ağa Hamamı Sokak abbiege, komme ich zu einem kleinen veganen Restaurant. Gerade richtig, denke ich, da sich bei mir der kleine Hunger schon wieder meldet. Die bunte Leuchtschrift »Eat, Pray, Love« hat meinen Blick angezogen. Bei Hanımeli setze ich mich an einen Tisch unter einen der Bäume. Jetzt gibt es erst einmal ein köstliches veganes »gözleme« (Teigtaschen). Beim Bestellen komme ich mit der Eigentümerin des Lokals ins Plaudern. Sie war etwas verwundert, dass ich ihr kleines Restaurant fotografiere und hat daraufhin nachgefragt. Nach dem Essen, das übrigens köstlich gemundet hat, laufe ich die Straße ein Stück weiter runter und komme an dem Gebäude vorbei, in dem die Ankerfilm einmal ihren Sitz hatte. Das war die Produktionsfirma vor Ort, die für Ziegler Film die Krimis der TV-Reihe »Mordkommission Istanbul« umgesetzt hat. Auch etliche James-Bond-Filme und Spielfilme von Regisseur Fatih Akin stammten aus deren Produktion.

Da wird mir schon ein wenig wehmütig ums Herz, und ich schwelge in Erinnerungen an die Zeit, die ich in dieser Gegend rund um die Ağa Hamamı Sokak verbracht habe. Überall gibt es hier etwas Interessantes zu sehen. Kleine Antiquitätenläden reihen sich aneinander, von denen ein Schaufenster dekorativer und hübscher gestaltet ist als das andere. Darin alte Schreibmaschinen, Koffer, Fotoapparate, Bilderrahmen – solche Auslagen lassen die Herzen von Nostalgie-Fans höherschlagen. Und überall stolzieren Katzen herum, Hier scheint es mehr von ihnen zu geben als irgendwo sonst in Istanbul. Sie fühlen sich offensichtlich wohl, werden gut behandelt und tragen durch ihr elegantes, aber auch kuscheliges Wesen zum entspannten Flair bei. Gleich merke ich, wie mein Lauftempo reduziert wird. Hier scheint die Uhr einfach langsamer zu ticken. Vor allem deshalb, weil hier kein Menschenauflauf ist, kein Gedrängel, macht mir das Bummeln richtig Spaß. Das Angebot rundherum ist vielfältig. Nach einer Linkskurve komme ich in die Turnacıbaşi Caddesi. Dort bleibe ich stehen und blicke in ein Schaufenster voller Antiquitäten, darin prangt ein großes Gemälde, das vier osmanische Männer mit einem großen runden »kavuk« – einer Variante des Turbans – auf dem Kopf zeigt. Ein Schild daneben verrät den Namen des Geschäfts – Galeri Erol – na, das kann doch wohl kein Zufall sein!

Verfolgungsjagd über die Dächer: Kommissar Özakin (»Mordkommission Istanbul«)

Verrückt, süß und sympathisch

Ein kleines Stück weiter die Straße runter befindet sich das Corinne Hotel, von dem ich Ihnen bereits im Kap. Übernachten (s. S. 134) vorgeschwärmt habe. Auch hier kommen Erinnerungen hoch. Ich gehe ein Stück zurück und biege rechts in die Faik Paşa Caddesi ein. Die Sonne senkt sich und bereitet sich langsam auf ihren abendlichen Auftritt vor.

In diesem warmen gelb-orange-roten Licht wirkt alles wie weichgezeichnet und noch eine Spur magischer als sonst.

In ruhiger Lage: das Corinne Hotel

Ein Lächeln huscht über mein Gesicht, als ich einen kleinen Laden mit Karnevalszubehör entdecke. Ziemlich unüblich für die Türkei. Das zeigt mal wieder, dass hier alles etwas anders ist. Meine Begleiterin und Partnerin, eine waschechte Kölnerin, freut sich darüber. Weiter geht's. Und wieder bleibe ich erstaunt vor einem Schaufenster stehen, in dem zwischen alten Feuerzeugen, Handspiegeln, Taschenmessern, Spielzeugautos zum Aufziehen und sonstigem Trödel jede Menge Orden und Abzeichen aus dem Ersten und Zweiten Weltkrieg liegen. In diesen Laden muss ich unbedingt mal einen näheren Blick werfen, denn es scheint dort so ziemlich alles zu geben, was die Menschen in den Jahren zwischen 1900 und 1980 in der Wohnung oder in der Tasche hatten. Bozbey Antique steht auf dem Türschild. Das war eine schöne Tour durch dieses Viertel. Für heute reicht es mir, und ich mache mich langsam auf den Rückweg.

Kleine Antiquitätenläden verlocken in diesem Viertel zum Herumstöbern.

Ein Hauch von Boheme

Wo Intellektuelle, Kunst- und Filmschaffende leben, weht meist auch ein Hauch von Boheme. Und den findet man meistens dort, wo sich diese kunstsinnigen Geister bevorzugt aufhalten: in den Cafés und Teestuben, die mir auch auf meinem Spaziergang begegnen. Sehr beliebt ist beispielsweise das Café Smyrna. Das Interieur: ein Sammelsurium aus plüschigen Möbeln und klassischen Elementen. Gerade diese illustre Mischung macht es so hip. Riesige Sessel und kuschelige Sofas laden zum Platznehmen ein. Die Theke, Herzstück des Lokals, ist zum größten Teil aus Holz. Und erst die Küche, sie bietet köstliches, gesundes Essen den ganzen Tag über. Genauso gut kann man in dieser entspannten Atmosphäre und in angenehmer Gesellschaft nur ein Glas guten Weißwein oder ein gepflegtes Bier genießen. Das Journey Café ist, wie der Name schon verrät, ein weltoffener Place to be, wo man den Tag gut verbringen kann, drinnen oder draußen. Für Wohlfühlfaktor sorgen neben der gemütlichen Einrichtung – behagliche Sitzmöbel, stilvolle Lampen und Regale voller Bücher – auch die vielen Pflanzen. Man fühlt sich beinahe wie im heimischen Wohnzimmer. Auch hier legt man beim Essen den Fokus auf Gesundheit und Regionalität (u. a. bei Obst und Gemüse). Praktisch, wer mal nicht selber kochen mag, kann den Take-Away-Service nutzen.

Im Susam Café trifft sich bevorzugt die jüngere Generation. Betritt man das Café, dann könnte man auch denken, man befände sich in

Amerika. Die Wand in den Farben Weiß und Petrol sowie der Tresen erinnern stark an alte amerikanische Filme. Modern und vielfältig, groß, bunt und gesund hingegen ist das Angebot an Gerichten und Snacks, das auch Vegetarier und Veganer anzieht.

Mitten in einem Roman gelandet

Bevor ich nach diesem »Bummel-Tag« langsam den Heimweg antrete, möchte ich Sie noch auf ein ganz besonderes Museum aufmerksam machen. Es liegt südwestlich von Cihangir, im Nachbarviertel Çukurcuma: das Museum of Innocence (Masumiyet Müzesi oder Orhan Kemal Müzesi). Wenn Sie an Literatur interessiert sind, dann nehmen Sie unbedingt die Gelegenheit wahr, denn im »Museum der Unschuld« erwartet Sie allerlei Skurriles. Geschaffen wurde es vom Schriftsteller und Literaturnobelpreisträger Orhan Pamuk in Anlehnung an seinen gleichnamigen Roman aus dem Jahr 2008, eine berührende Liebes-

Das Museum der Unschuld: in jeder Hinsicht ein Schlüsselerlebnis

geschichte. Pamuks Romanfigur Kemal ist ein »Sammler aus Liebe«. Und so sind in dem kleinen Museum all die kleinen Dinge zu sehen, die der Protagonist von seiner Herzensdame heimlich gesammelt hat: Streichholzschachteln, Lippenstift, Parfümfläschchen, abgerissene Eintrittskarten, Taschentücher, ein Vogelkäfig, sogar Zigarettenstummel. Der weltberühmte Autor vertrat nämlich die Auffassung, dass es etwas ganz Anderes ist, ob man ein Buch liest oder die darin vorkommenden Objekte in einem Museum betrachtet. Man muss sein Werk nicht gelesen haben, um Gefallen an dem Sammelsurium in diesem Spezialmuseum zu finden. Doch wer es kennt, wird von der Parallelität der Vorgänge überwältigt sein. Buch und Museum sind auf seltsame Weise miteinander verknüpft. Der Roman dreht sich »um die Menschen und Straßen, die mir am meisten vertraut sind«, hat Pamuk einmal gesagt. Dazu muss man wissen, dass der Schriftsteller – ein gebürtiger Istanbuler – in den 1990er-Jahren, als er seine kleine Tochter Rüya zur Schule brachte, täglich an einem Gebäude in der Çukurcuma Caddesi vorbeiging. Eines Tages begann er, sich eine fiktive Story über dieses Haus auszudenken. Und dann er schrieb er dem Eckhaus diese Geschichte quasi auf den Leib. Damit nicht genug: Er kaufte das Haus, ließ es von befreundeten Architekten 2003 renovieren und baute es zum Museum der Unschuld um, das auch im Roman eine gewichtige Rolle spielt. Die Eröffnung fand im Frühjahr 2012 statt, 2014 wurde es als »Europäisches Museum des Jahres« ausgezeichnet. Wenn das keine Erfolgsstory ist …

Das Eckhaus, das unter Federführung von Orhan Pamuk zum Museum wurde

Was?

Das reizende Szeneviertel Cihangir lockt mit Cafés, Restaurants und Bars, Galerien, Buchhandlungen, Schallplattenläden oder kleinen Geschäften mit Kunsthandwerk, Antiquitäten, Tand & Trödel. Und zu guter Letzt lädt an der Grenze von Cihangir zum Stadtteil Çukurcuma ein ganz besonderes Museum zum Besuch ein. Sein Betreiber: ein Literaturnobelpreisträger.

Ein Spaziergang erhält erst durch eine Tasse türkischen Kaffee seine Krönung.

CAFÉS UND RESTAURANTS

Wo und wann?

Hanımeli

Klein, aber fein. Das Essen ist hausgemacht und schmeckt richtig gut. Es gibt Suppen, Fleisch- und Gemüsegerichte, ein großes Speisenangebot für Vegetarier und Veganer, Desserts und Gebäck.

- Ağa Hamamı Sk. No. 6a
  34433 Beyoğlu
  Mo–Sa bis 22, So bis 21 Uhr

Journey

Seit 2011 serviert dieses Café in familiärer Atmosphäre Gerichte für den kleinen Hunger; Suppen, Salate, Sandwiches, Nachspeisen, Kaffee und Kuchen sowie Getränke aller Art. Alle Speisen können mitgenommen und sogar nach Hause geliefert werden.

- Kılıçali Paşa, Akarsu Ykş. Sk. 21/A
  34433 Beyoğlu
  www.journeycihangir.com/en
  tgl. 9–2 Uhr

Smyrna

In einem ehemaligen Antiquitätenladen, der dank seines plüschigen Interieurs viel von seinem Charme bewahrt hat, verköstigt nun das Café Smyrna seine Gäste mit Frühstück, Mittagessen, Kaffee, Tee und Cocktails zur Happy Hour.

- Kılıçali Paşa, Mahallesi
  Akarsu Cd. No. 29
  34425 Beyoğlu
  Tgl. 9–16 Uhr

Susam Café

Bar, Café und Restaurant in einem. Hier trifft sich die Nachbarschaft auf einen Kaffee, ein Bier, eine Pizza oder auch nur einen Sesamkringel. Die Atmosphäre ist unkompliziert und freundlich, die Einrichtung heimelig.

- Susam Sk. No. 11, 34433 Beyoğlu
  Mo–So 10–2 Uhr

MUSEEN UND GALERIEN Wo und wann?

Galeri Erol Sanat ve Antik

Eine Fundgrube für filigrane Möbelstücke aus unterschiedlichen Epochen: Lampen, Tischuhren, Kerzenleuchter, Porzellan, Figuren und Figürchen, Gläser und Vasen, Bilder mit Seestücken, Porträts und Stillleben. Regelmäßig Auktionen.

- Kuloğlu, Turnacıbaşı Cd. No. 40A
  34433 Beyoğlu
  antiacierol.com

Museum of Innocence (Masumiyet Müzesi)

Ein Tipp für Literaturliebhaber! Dieses Museum erzählt seine ganz eigene Geschichte. Hier befindet man sich nicht in irgendeinem Museum, sondern in der Handlung eines Romans.

- Firuzağa, Çukurcuma Caddesi
  Dalgıç Çk. No. 2
  34425 Beyoğlu
  www.masumiyetmuzesi.org
  Di–So 10–18 Uhr

Tipp: Einen hübschen virtuellen Einblick gibt der Museum Explorer von Google Arts & Culture unter artsandculture.google.com/story/KAVxIqBekvaEKw.

Links geht's lang ... zum faszinierenden Museum der Unschuld.

Wer mit dem Boot auf Burgazada ankommt, wird von einer bunten Strandpromenade willkommen geheißen.

10

Ausflüge in die Umgebung

Ein serbischer Wald,
Ort für verbannte Prinzen und
ein gewisser Monsieur Loti

Reif für die Inseln?

Warum in die Ferne schweifen, wenn doch das Gute so nah liegt? Ganz einfach, weil Istanbul eine wunderschöne Umgebung hat, die mit ihrer zauberhaften Natur zum Wandern, Flanieren, Bootfahren oder zu einem entspannten Badetag in den türkisfarbenen Meeresfluten einlädt.

Istanbul bietet Historie in Reinform, kulturelle Höhepunkte, kulinarische Erlebnisse und endlose Shoppingmöglichkeiten. Falls dem Besucher bei so viel Input der Sinn mal nach etwas Ruhe oder Bewegung in freier Natur steht, wer einfach mal raus will aus der Großstadt, dem möchte ich einige schöne Ausflugsziele in der näheren Umgebung ans Herz legen.

Ein Tag am Strand

Klar, die Schönheit des Schwarzen Meeres bekommt man bereits auf der Fähre zwischen der europäischen und asiatischen Seite des Bosporus zu spüren, noch besser aber ist es, einen ganzen Tag lang Meeresluft zu schnuppern. Da bietet sich beispielsweise der kleine Küstenort Şile am Schwarzen Meer in der Marmararegion an, der landesweit auch für seine Textilherstellung bekannt ist. Wer einen Leihwagen hat, braucht vom Stadtkern Istanbuls eine gute Stunde (ca. 65 km), um nach Şile zu gelangen – der Name bedeutet auf Deutsch übrigens Majoran. Man kann aber genauso gut den Linienbus nehmen. Der kleine Badeort lädt mit traumhaften Buchten, weißen Sandstränden und türkisfarbenem Wasser zu einem entspannten Strandtag ein. Ein pittoresker Leuchtturm aus osmanischer Zeit (1859) ragt aus der felsigen Landschaft auf. Dieser blau-weiß geringelte Riese mit kleinem Museum im Untergrund ist übrigens Ausgangspunkt für ein rasantes Vergnügen. Wer sich einen Adrenalinstoß holen möchte, kann von dort mit der Zipline Şile Feneri aus 30 m Höhe einen halben Kilometer lang übers Meer schweben. Ein Stahlseil, das rund 17 t tragen kann, sowie Schutzhelm und Sicherheitsgurte bürgen für Sicherheit. Ob mit oder ohne Seilrutsche: Die Weite des Schwarzen Meeres und die salzige Luft geben einem das herrliche

Gefühl von Freiheit. Im Sommer könnte es hier allerdings recht voll werden, da Şile einer der wenigen Badeorte in der Gegend ist. Außerdem findet Mitte August hier das Şile Festival statt, das wegen seiner künstlerischen Darbietungen einen großen Zulauf hat. Vielleicht ist ein Besuch eher im Frühjahr oder im Herbst ratsam, wenn wieder Ruhe eingekehrt ist. Im Hafen von Şile warten natürlich eine Reihe guter Fischrestaurants, die Seafood und gute türkische Küche anbieten, darunter das Marin Balık und das Vira Restaurant, beide am Wasser gelegen, mit bildschöner Terrasse und Meerblick.

Waldluft schnuppern

Vom Meer geht es nun in den Wald. Eine stadtnahe und sehr weitläufige Naturoase ist der gerade mal 30 bis 45 Autominuten vom Stadtkern Istanbuls entfernte Belgrader Wald (Belgrad Ormanı). Falls Sie der

Die Großstadt hinter sich lassen und raus ans Meer, in den Wald, auf weite Flur ...

HÄTTEN SIE'S GEWUSST?

Polonezköy – das polnische Dorf

Mitten in einem verwunschen wirkenden Waldgebiet, 30 km östlich der Istanbuler Altstadt, gibt es tatsächlich eine polnische Enklave. Kaum jemand außer einigen Einheimischen und Tagestouristen kennt das nur 400 Einwohner zählende Dorf, das in früheren Zeiten einmal Adampol hieß. Seine Gründung erfolgte nach der Vertragsunterzeichnung im Jahr 1793, als der besetzte Staat Polen zwischen den Großmächten Russland, Österreich und Preußen aufgeteilt wurde. Das Osmanische Reich bot den Aufständischen aus Polen Unterschlupf an. Einige von ihnen sind nach dem Krieg zurückgegangen. Die anderen leben zwischen zwei Kulturen: Man spricht (und kocht) Türkisch und Polnisch. Dennoch liegt den Bewohnern am Herzen, ihre polnische Eigenart zu bewahren. Dafür sorgt auch die Kirche samt Friedhof sowie ein kleines Museum als Ort der Erinnerung. Schon Größen wie der Komponist Franz Liszt, Staatsgründer Atatürk und der polnische Politiker Lech Wałęsa haben dem »exotischen« Dorf einen Besuch abgestattet.

Name irritiert: Das Gebiet wurde nach den Menschen in Serbien benannt, die Sultan Süleyman der Prächtige nach seinen Eroberungsfeldzügen (die Belagerung Belgrads im August 1521) in seinem Reich ansiedelte. In diesem 5442 ha großen Naherholungsgebiet nördlich von Istanbul erwartet Sie nicht nur wunderbare Luft, dank der klimatisch begünstigten Lage – Übergang von der mitteleuropäischen zur mediterranen Zone – gedeihen hier vielfältige Pflanzenarten, neben Nadelbaumarten wie Lärchen und Kiefern ist der häufigste Repräsentant bei den Laubbäumen die Traubeneiche. Viele der vorkommenden Baumarten sind im Atatürk-Arboretum zu bestaunen. Zudem ist der Wald das Refugium vieler Vögel und Reptilien, aber auch von Rotwild, Fuchs, Goldschakal und Wildschwein. Das Waldgebiet umfasst insgesamt neun Naturparks mit sechs Staudämmen aus osmanischer Zeit. Wer abschalten möchte, ist hier gut aufgehoben. Machen Sie ein Picknick, joggen Sie oder unternehmen Sie eine Wanderung, möglichst im Herbst, wenn der Wald sein buntes Blätterkleid übergestreift hat. Wer mit Kindern unterwegs ist, sollte einen Abstecher zum Abenteuer-

Sapanca-See: ein Naturparadies, in dem man im Sommer jedoch nicht alleine ist

park Forest Kemerburgaz in Erwägung ziehen, wo Hochseilgarten, Kletterwände, Zipline und Gokarts auf kleine und große Abenteurer warten.

Naturschönheit Sapanca-See

Ich bin gern in der Natur unterwegs. Besonders dann, wenn ich einige Tage Großstadttrubel oder anstrengende Drehtage hinter mir habe, ist es ein Segen, die heilsame Kraft der Natur und die Verbindung zu ihr zu spüren. Der etwa anderthalb bis zwei Fahrstunden von Istanbul entfernte Sapanca-See (Sapanca Gölü) bietet dazu reichlich Gelegenheit.

Die Farben dieses Naturjuwels sind so intensiv, dass sie beinahe surreal anmuten.

Auf dem klaren, smaragdgrünen See – seine tiefste Stelle misst 51 m – kann man entspannt mit dem Boot hinauspaddeln, schwimmen, sich ein Kanu mieten oder Wasserski fahren. Oder man genießt die bezaubernde Atmosphäre bei einem ausgedehnten Spaziergang entlang dem Ufer. Wem es hier so gut gefällt, dass er seinen Aufenthalt verlängern will, der findet zahlreiche Unterkünfte, Hotels oder rustikale Chalets, viele davon mit Seeblick. Interessant ist auch die Geschichte des Sees. Ausgrabungen belegen, dass erste Spuren der Besiedelung bis in die Jungsteinzeit reichen. Im byzantinischen Zeitalter trug das Gewässer den Namen Dionysias, nach Dionysos, dem Gott des Weins, der Freude, der Fruchtbarkeit und der Ekstase. Zu Zeiten Alexander des Großen wurde der See dem Römischen Reich einverleibt. Auch für den Sapanca-See gilt, dass die Nähe zur Metropole Istanbul im Sommer für regen Besucherandrang sorgt. Wer Ruhe sucht, wählt besser für die Tage seines Aufenthalts das Frühjahr oder den goldenen Herbst.

Insel der verbannten Prinzen

Diese reizvolle Inselgruppe im Marmarameer, bestehend aus neun Inselchen – nur vier davon sind bewohnt – lohnt unbedingt einen Tagesausflug. Die Prinzeninseln liegen etwa 10 bis 23 km südöstlich des Bosporus, bilden einen eigenen Stadtteil, haben insgesamt etwa 16 000 Einwohner und werden von den Einheimischen »Adalar« (Inseln) oder wegen ihres roten Gesteins auch »Kızıl Adalar« (Rote Inseln) genannt. Ihren offiziellen Namen »Prinzeninseln« trägt die Inselgruppe seit dem 6. Jh. Und dazu gibt es natürlich eine – wenngleich traurige – Geschichte. Im alten Byzanz war dies nämlich der Ort, an den Menschen verbannt wurden. Christlich-orthodoxe Mönche durften dort in Gemeinschaften in verschiedenen Klöstern leben, die teilweise auch heute noch bewohnt sind. Es handelte sich also um die Inseln der »Unerwünschten«. Zu dieser Zeit trugen sie noch den Namen Demonsia, was so viel wie »Volksinseln« bedeutete. Mit der Regentschaft von Justinian I. änderte sich dies. Dadurch, dass sein Neffe Justin II. sich einen Palast auf der größten der Inseln erbaute, erhielt diese

Sommerfrische wie anno dazumal: Ferienhaus auf Heybeliada

den Namen »Insel des Prinzen«. Später, zu Zeiten der osmanischen Sultane, wurden alle Eilande des kleinen Archipels als Verbannungsort für Prinzen genutzt, die nach dem Tod des Sultans nicht Nachfolger geworden waren. Brutalerweise wurden die zahlreichen Nebenbuhler eines Herrschers – also seine Halbbrüder und Brüder – lange Zeit einfach getötet. Erst ab dem 17. Jh. wurden sie »nur noch« unter Hausarrest gestellt und dazu auf die Inseln verbannt. Heute erinnert hier nichts mehr an die Gefangenschaft von einst. Auf den vier bewohnten Inseln gibt es einzigartige Naturparadiese zu entdecken. Und eine Vielzahl prächtiger eleganter Villen, eingerahmt von gepflegten Gärten. Vor allem auf der Hauptinsel Büyükada sind viele alte Holzvillen zu finden. Hier ist auch einiges geboten, was Hotellerie und Gastronomie anbelangt. Es haben sich einige richtig gute Restaurants etabliert und auch einige schöne Hotels, falls man sein Haupt gern in einer stillen Gegend in Meeresnähe zur Ruhe betten möchte.

Und was das Beste ist: Aus Gründen der Umweltverschmutzung gibt es auf den Inseln keinerlei Autoverkehr!

Wer nicht zu Fuß laufen möchte, setzt sich aufs Fahrrad oder nimmt die Pferdekutsche. Ein starker Kontrast zu dem sonst so autoreichen Metropolkern Istanbuls. Viele unterschiedliche Religionen existieren auf dieser Insel friedlich nebeneinander. Es gibt einige christliche Kirchen, noch mehr Moscheen und sogar eine Synagoge. Auch auf den drei weiteren besiedelten Inseln macht sich eine große kulturelle Vielfalt bemerkbar. Die zweitgrößte Insel Heybeliada ist bei der türkischen Oberschicht ein beliebtes Ziel zur Sommerfrische. Es haben sich auch einige schöne Klöster angesiedelt, darunter das Terki-Dünya-Kloster von 1868 am Hafen Çam. Hoch droben auf einem bewachsenen Hügel im Inselnorden thront idyllisch das Kloster Hagia Triada (Aya Trias Manastırı). Darin befand sich eine private Theologische Hochschule, die sich bis 1971 der Ausbildung des priesterlichen Nachwuchses widmete, und danach geschlossen wurde.

Wer sich für türkische Literatur interessiert, wird sicher dem ehemaligen Wohnhaus des türkischen Schriftstellers Hüseyin Rahmi Gürpınar (1864–1944) einen Besuch abstatten wollen. Nach dem Tod des Romanciers, der zwischen 1936 und 1943 übrigens auch einen Posten als Abgeordneter im türkischen Parlament innehatte, wurde das Haus in ein Museum umgewandelt. Auch Heybeliada kann mit einigen guten Restaurants aufwarten. Ein weiterer Anziehungspunkt sind die Open-Air-Konzerte, die in den Sommermonaten hier veranstaltet werden.

Inspirationsquell für Künstler

Dritte im Bunde ist die größtenteils felsige Insel Burgazada. Ihr ursprünglicher griechischer Name Antigone (oder Andigoni) geht auf den ehemaligen Kommandanten von Alexander dem Großen, Demetrios I. Poliorketes, zurück. Er benannte die Insel nach seinem Vater Antigonos, als dieser 298 v. Chr. einen Eroberungszug auf Istanbul antrat. Nachdem die Griechen sie in Pyrgos »umgetauft« hatten, wurde mit der Zeit Burgaz daraus, was beides übersetzt »Festung« bedeutet. Die Insel ist vor allem deshalb bekannt, weil einer der berühmtesten Schriftsteller der Türkei, Sait Faik Abasıyanık (1906–1954), hier lebte. Burgazada war für ihn die Inspirationsquelle seiner Kunst. Heute erinnert eine Ausstellung in seinem früheren Wohnhaus an den berühmten Geschichtenerzähler. Oft war er am Kalpazankaya Plajı unterwegs, einem von Kiefern gesäumten Strand auf der Westseite des Eilands.

Ein herrlicher Fleck, der dazu einlädt, in entspannter Atmosphäre das Schauspiel des Sonnenuntergangs zu genießen.

Es gibt auch zahlreiche historische Stätten und schöne Moscheen. Ein Blickfang ist die im Jahr 842 erbaute griechisch-orthodoxe Kirche Aya Yani Kilisesi (Johanneskirche) mit ihrer gewaltigen blauen Kuppel zu Füßen eines bewaldeten Hügels. Trotz notwendig gewordener Erneuerungen und Umbauten wurde der Grundriss der Kirche aus dem 9. Jh.

originalgetreu beibehalten. Von dem Gotteshaus heißt es, dass sich vor seiner Erbauung an diesem Platz ein Kellerverlies befunden habe, in dem Methodios, ein orthodoxer Patriarch, sieben Jahre lang gefangen gehalten wurde. Weitere sakrale Sehenswürdigkeiten sind das Hristos-Kloster und die Überreste der Metamorphosis-Kirche auf dem grünen Hügel Bayraktepe. Die letzte, kleinste und am dichtesten bewohnte Insel Kınalıada verzaubert mit ihrem blumigen Duft, den unterschiedlichste Pflanzen verströmen. Dafür gibt dieses grüne Paradies in Sachen Unterhaltung nicht viel her, aber das ist auch nicht nötig. Wer hierher kommt, sucht Ruhe, Frieden und die Schönheit der Natur. Charakteristisch für das Inselchen ist die rote Farbe der Erde, von der sich auch ihr Name Kinaliada (»kina« = Henna) ableitet. In früheren Zeiten wurden nämlich hier Kupfer und Eisen abgebaut, und die Oxidierung der Metalle führte zu der ziegelroten Färbung der Erde.

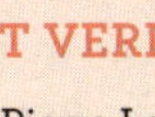

NICHT VERPASSEN

Kennen Sie Pierre Loti? Falls nicht, Monsieur Loti war ein französischer Marineoffizier und Dichter, lebte von 1850 bis 1923 (davon etliche Jahre in Istanbul) und war dem Leben und den Menschen in der Türkei sehr zugetan. Ganz besonders liebte er einen großen grünen Hügel, auf dem ein Kaffeehaus stand, in dem Herr Loti immer seine Wasserpfeife schmauchte und bei einer Tasse Kaffee auf eine Dame wartete, die unglücklicherweise verheiratet war. Und so kam es, dass das Café im Stadtteil Eyüp nach wie vor das Outfit im Stil der Jahrhundertwende trägt – das Personal übrigens auch – und inklusive Hügel nach Herrn Loti benannt wurde. Pierre Loti ging übrigens nach Frankreich zurück und wurde ein gefeierter Bestsellerautor. Das Café auf dem 53 m hohen Aussichtshügel gibt es immer noch, es ist gut besucht und zu Fuß oder per Seilbahn zu erreichen (s. S. 176). Nur wie die Geschichte mit der verheirateten Dame ausging, ist leider nicht überliefert.

Die übrigen fünf Inseln sind unbewohnt und deutlich kleiner. Eine Tour mit einem Boot hierher kann ich nur empfehlen. Man kann lange Strandspaziergänge unternehmen, die Naturschönheiten genießen, Ballast abwerfen, zur Ruhe kommen und neue Energie auftanken. Und darum geht es doch!

Was?

In dieser Rubrik erwarten Sie Plätze zum Erkunden, Entspannen, Genießen, Wohlfühlen und Loslassen. Und zwar im Badeort Şile, im Belgrader Wald, am Sapanca-See und auf den reizvollen Prinzeninseln, einer kleinen Inselgruppe im Marmarameer mit vier bewohnten und fünf unbewohnten Inselchen.

BELGRADER WALD

Wie?

Mit öffentlichen Verkehrsmitteln:

- Buslinien 153, 42T, 42M, 42R
  istanbul.com/de/travel/belgrad-forest

FREIZEIT

Forest Kemerburgaz

Abenteuerpark mit Hochseilgarten, Klettergerüsten, Gokarts, Trampoline und anderen spannenden Hindernissen für Groß und Klein.

- Mithatpaşa, Kurt Kemeri
  Mesire Alanı
  Çiftalan-Kemerburgaz Yolu
  Davutpaşa Caddesi
  34075 Eyüpsultan
  www.forestkemerburgaz.com/tr
  Mo–So 9–18 Uhr

PIERRE LOTI HÜGEL

ESSEN UND TRINKEN

Ein Café auf einem Hügel, das nach dem französischen Dichter Pierre Loti benannt ist. Schöne Café-Terrasse mit Traumblick auf Stadt und Meer. Tolle Cocktails.

- Eyüp Merkez, Karyağdı Sk. No. 20
  34050 Eyüpsultan
  www.pierrelotitepesi.com
  tgl. 8.30–24 Uhr

PRINZENINSELN: BÜYÜKADA

Wie und was?

Auf dem Busbahnhof bieten E-Busse Inselrundfahrten an.

- istanbulwelcomecard.com/de/faehre-prinzeninseln

ESSEN UND TRINKEN

Secret Garden Restaurant

Gepflegtes Lokal mit großer Speisenvielfalt. Lauschiger Gartenhof.

- Maden Mah. Çiçekli Yalı Sk. No. 24
  34970 Adalar
  www.secretgardenrestaurant.com.tr/n

Sermest Büyükada

Cafe, Restaurant & Bistro. Auch für Vegatarier/Veganer ein guter Tipp. Schöne Plätze im Freien.

- Güzeller Sk. No. 8
  34970 Serguzest
  www.serguzestotel.com/sermest

PRINZENINSELN: BURGAZADA

Wie?

- istanbulwelcomecard.com/de/faehre-prinzeninseln

MUSEUM

Museum Sait Faik Abasıyanık

Ausstellung zum Leben und Schaffen des berühmten Schriftstellers, eines Pioniers des Genres Kurzgeschichten.

- Bahçelievler Merkez, Burgazada Çayır Sk. No. 15, 34975 Adalar
  www.saitfaikmuzesi.org
  Mi–So 10.30–17 Uhr

PRINZENINSELN: HEYBELIADA

Wie?

- istanbulwelcomecard.com/de/faehre-prinzeninseln

ESSEN UND TRINKEN

Zehra Heyybeliade Restaurant

Groß Auswahl an appetitlichen Vorspeisen (»meze«), aber auch Fischgerichte, Lamm, Suppen, Salate und Eintopfgerichte. Schön am Wasser gelegen.

- Ayyıldız Cd. No. 24/A
  34973 Adalar
  www.zehraheybeliada.com

ŞAPANCA-SEE

Wie?

Am besten mit Bahn oder Leihwagen (ca. 135 km) zu erreichen.

ESSEN UND TRINKEN

Menzara Restaurant

Hier speist man Fisch und Meeresfrüchte in traumhafter Lage.

- Mamudiye, Çiçekli Sk. No. 10
  54600 Sapanca

ŞILE

Wie?

Mit öffentlichen Verkehrsmitteln:

- Ab Stadtteil Harem: Linie 139, 139A
- Ab Tepeüstü: Linie 139T
- Von Şile aus fahren die Buslinien 139D und 139U ins nahe Umland.

ESSEN UND TRINKEN

Marin Balık

Restaurant am Wasser, das fangfrischen Fisch und Meeresfrüchte auftischt. Schöne Terrasse.

- Hacıkasım Mah., Liman Sk. No. 20
  34980 Şile
  www.marinbalik.com

Vira Restaurant

Auch in diesem empfehlenswerten Restaurant locken Fisch und Seafood, »meze« und Süßspeisen.

- Hacıkasım, Kayıkhane Sk. No. 17
  34980 Şile

FREIZEIT

Zipline Şile Feneri

Ausgangspunkt ist der Leuchtturm Şile, von dort geht es in einer rasanten Sause mit der Zipline ein Stück weit übers Meer und zurück.

- Leuchtturm Şile
  www.istanbultouristpass.com/de/zippline-sile-lighthouse

Futuristisches Bauwerk und mit 369 m höchster Turm Europas: der 2021 eröffnete Fernsehturm Küçuk Çamlıca

Und noch mehr Istanbul

Das lohnt sich außerdem

Nun habe ich Ihnen viele Sehenswürdigkeiten in Istanbul vorgestellt, darunter meine Lieblingsplätze. Aber in einer so gigantischen Stadt gibt es natürlich weitere spannende Highlights, die einen Besuch wert sind.

CHORA-KIRCHE (KARIYE CAMII)

Die ehemalige byzantinische Klosterkirche aus dem 11. Jh., die im 15. Jh. zu einer Moschee und in den 1950er-Jahren zu einem Museum umfunktioniert wurde, kommt auf den ersten Blick ein wenig unscheinbar daher. Dieser Eindruck ändert sich, wenn man erst einmal ihr Innenleben kennt. Mit ihren goldglänzenden Mosaiken und Fresken im Stil der Renaissance der Palaiologen (die letzte Kaiserdynastie des Byzantinischen Reichs) besitzt sie nämlich einen unsagbaren kunsthistorischen Schatz. Es lohnt sich also, diesem Juwel byzantinischer Sakralkunst einen Besuch abzustatten (tgl. 9–17 Uhr).

- Dervişali
  Kariye Cami Sk. No. 18
  34087 Fatih

ESMA SULTAN YALISI

Sollte Ihnen vis-à-vis der Ortaköy-Moschee eine illustre mehrstöckige Ruine auffallen, deren Außenmauern nachts eindrucksvoll illuminiert sind, dann stehen Sie vor der ehemaligen Sommerresidenz Esma Sultan. Die vom Hofarchitekten Balyan 1875 errichtete Yalı-Villa war ein Hochzeitsgeschenk für Esma Sultan, die Tochter von Sultan Abdülhamid I. Nach ihrem Tod erlebte das Gebäude eine wechselvolle Geschichte: Es diente zunächst als Schule, brannte ab und wurde zeitweise als Möbeldepot und Kohlelager genutzt. In den 1990er-Jahren erwarb eine Hotelgruppe die Ruine, erhielt die Außenmauern und baute das Innere zu einer hippen Event Location um: mit Bar, Konferenzsaal und Veranstaltungsbereich. Auf dem Areal finden u. a. jährlich das Istanbul International Jazz Festival (Juli) und das International Music Festival (Juni/Juli) statt.

- www.themarmarahotels.com/esma-sultan

HAMAMS

Der Besuch eines Hamams ist ein Muss, wenn Sie sich einige Tage in

So schön kann eine Ruine sein: Der nächtlich beleuchtete Esma-Sultan-Palast wird heute für Konzerte, Festivals und andere besondere Anlässe genutzt.

Istanbul aufhalten. Nach diesem schweißnassen und reinigenden Ritual in oftmals märchenhaftem Ambiente fühlt sich mancher wie neugeboren. Meine Lieblingsadresse, den Hürrem Sultan Haman, habe ich Ihnen bereits auf S. 83 vorgestellt. Aber es locken noch andere feudale Badehäuser. Die meisten dieser Wellnessoasen sind nach Geschlechtern getrennt. Es ist alles vorhanden, Sie müssen nicht einmal ein Handtuch mitbringen. Hier zwei feine Adressen: das historische Bade-Juwel Çemberlitaş Hamamı, entworfen 1584 von dem begnadeten Architekten Sinan, sowie der Cağagoğlu Hamamı, einer der letzten im Osmanischen Reich erbauten Hamams (1741). Lassen Sie sich aber nicht von Jahreszahlen irritieren, die Fassaden dieser Badetempel mögen zwar »in die Jahre gekommen« sein, ihr Innenleben aber ist vom Feinsten, und die technischen Anlagen entsprechen modernen Standards.

- www.cemberlitashamami.com
  www.cagalogluhamami.com.tr

KONSTANTINSSÄULE (ÇEMBERLITAŞ)

Schon weil sie ein spätrömisches Relikt ist, den Mittelpunkt des Konstantinforums bildete und damit das Stadtbild Konstantinopels prägte, ist die Konstantinssäule eine Erwähnung wert. Konstan-

Mural in Kadıköy: »Stay hungry« vom ukrainischen Künstler Sasha Korban

tin der Große ließ die Porphyrsäule im 4. Jh. erbauen. Zu der Zeit krönte ein bronzenes Standbild des Kaisers die Spitze der damals 50 m hohen (heute 35 m) Ehrensäule. Erdbeben und Brände haben dem einstigen Symbol Konstantinopels stark zugesetzt und das Standbild 1105 zerstört. Es heißt, dass im Fundament Reliquien eingemauert sein sollen, darunter Nägel und andere Teile des Heiligen Kreuzes, vom Kaiser selbst hergebracht. Und glaubt man den Chroniken, so sollen die Bewohner Konstantinopels am Tag der Eroberung, dem 29. Mai 1453, sich zu dieser heute mit Eisenringen verstärkten Säule geflüchtet haben, weil sie hofften, der Himmel würde sich auftun und sie vor den osmanischen Kriegern erretten.

- Mollafenari
  Vezirhan Cd. No. 16 D.18
  34120 Fatih

KÜÇUK ÇAMLICA KULESI

Der futuristisch anmutende Fernseh- und Aussichtsturm, der im asiatischen Teil Istanbuls auf einem 218 m hohen Pinienhügel thront, wurde im Sommer 2021 eröffnet. Mit 369 m ist er höher als der Eiffelturm (312 m) und damit das derzeit höchste Gebäude Europas. Es gibt zwei Aussichtsplattformen (im 33. und 34. OG, tgl. 10–22 Uhr), dazu ein Café und ein Turmrestaurant im 40. Stock. Die vier Geschosse im UG sind der Gebäudetechnik vorbehalten. Der neue Fernsehturm hat eine Kapazität von 125 Sendern, dadurch wurden zahlreiche Sendemasten auf den beiden Çamlıca-Hügeln überflüssig, was auch dem Landschaftsbild zugutekam. Dass sich von den Panorama-Etagen ein atemberaubender Blick über den Bosporus, auf das Goldene Horn und Istanbuls Skyline bietet, ist selbstredend.

- www.camlicakule.istanbul

STREET ART IN KADIKÖY

Dieses farbenfrohe alternative Viertel im asiatischen Teil zieht mit seinem weltoffenen Flair und seiner lebhaften Kneipenszene viel Publikum an. Seinen Ruf als Szeneviertel verdankt es überwiegend den Graffitis auf Hauswänden und Mauern, die man hier »murals« nennt. Sogar das Rathaus in Kadıköy ziert ein gewaltiges Wandbild. Es gibt mittlerweile auch Touren, die Interessierte zu den Gebäuden mit den spektakulärsten Werken bringen. Sogar ein Festival »Mural Istanbul« ist aus der Taufe gehoben worden, wurde aber durch die Corona-Pandemie erst einmal ausgebremst. Die Street-Art-Künstler sind aber weiterhin aktiv. Ihre Graffiti zeigen Menschen, Tiere und geschichtliche Ereignisse ebenso wie soziale Brennpunkte, Fantasie- oder surrealistische Motive oder, wie an einer Häuserfassade an der Talimhane Sokak No. 2, ein riesiges Wandbild mit dem Titel »Turkish Tea«, von dem eine Möwe, ein Sesamkringel und ein Glas Tee herabblicken.

THEODOSIUS-ZISTERNE (ŞEREFIYE SARNICI)

Neben der berühmten Yerebatan-Zisterne (s. S. 70) gibt es noch weitere Wasserspeicher in Istanbul. Insgesamt sollen es einmal an die 70 Zisternen gewesen sein, die unter der Stadt Konstantinopel verliefen und deren Versorgung mit Wasser sicherstellten. Eine besondere Erwähnung verdient die spätantike Theodosius-Zisterne, eine gedeckte Anlage mit Gewölben, die von 32 korinthischen Säulen getragen werden. Mit ihren Maßen – 42 m lang und 25 m breit – zählte sie einst zu den größten ihrer Art. Als ihr Erbauer wird der byzantinische Kaiser Theodosius II. vermutet. Da die Zisterne erst seit wenigen Jahren für die Öffentlichkeit zugänglich ist (tgl. 8–18 Uhr), hält sich der Besucherandrang noch in Grenzen. Nutzen Sie diesen Umstand, und besuchen Sie ein Konzert im Untergrund.

• www.facebook.com/serefiyesarnici

Fast noch ein Geheimtipp ist der Besuch der Theodosius-Zisterne.

Istanbul von A–Z

ÄRZTLICHE VERSORGUNG

Die medizinische Versorgung ist gut, in privaten Praxen und Krankenhäusern deutlich besser als in staatlichen. Eine private Krankenversicherung inkl. Krankenrücktransport ist empfehlenswert. Liste der vom Dt. Generalkonsulat empfohlenen Ärzte: tuerkei.diplo.de **Apotheken** (»Eczane«) sind i.d.R. von 9–19 Uhr geöffnet. Im Schaufenster findet sich ein Hinweis auf den nächstgelegenen Apothekennotdienst (24 Std. geöffnet).

BARRIEREFREIES REISEN

Istanbul ist nicht gerade behindertengerecht. Gehwege sind holprig und eng, Aufzüge an U-Bahn-Stationen oft defekt. Bei öffentl. Verkehrsmitteln ist nur die Straßenbahn barrierefrei zugänglich. Auf die Hilfsbereitschaft der Türken kann man jedoch zählen.

DIPLOMATISCHE VERTRETUNGEN

- **Deutsches Generalkonsulat**, Inönü Cd. 10, 34437 Gümüssuyu-Istanbul, Tel. +90 212 334 61 00, tuerkei.diplo.de
- **Österreichisches Generalkonsulat**, Köybasi Cd. 46, 34464 Yeniköy-Istanbul, Tel. +90 212 363 84 10, bmeia.gv.at/gk-istanbul
- **Schweizerisches Generalkonsulat**, Büyükdere Cd. 173 (Gebäude 1, Levent Plaza, A-Blok, 3. Etage), 34394 Levent-Istanbul, Tel. +90 212 283 12 82, eda.admin.ch/istanbul

EINREISE/ REISEDOKUMENTE

Bei der Einreise per Flugzeug reicht für Deutsche und Schweizer der Personalausweis bzw. die Identitätskarte. Bei der Einreise erhalten Sie einen Einreisestempel, der bei der Ausreise wieder vorzuzeigen ist. Österreicher benötigen den Reisepass. Tragen Sie Ihren Ausweis stets bei sich, um bei Kontrollen Probleme zu vermeiden! Bei der Einreise kann der Nachweis einer gültigen Krankenversicherung verlangt werden. Die europäische Krankenversicherungskarte wird nicht akzeptiert. Sollten Sie ohne private Auslandskrankenversicherung reisen, ist ein Auslandskrankenschein für die Türkei erforderlich.

ERMÄSSIGUNGEN

Es gibt ein breites Angebot an touristischen »Rundum-Paketen«, die Rabatte beim Eintritt zu Museen und Sehenswürdigkeiten bieten. Leistungen, Kosten und Gültigkeit unterscheiden sich, hier lohnt eine Recherche vorab.

- **Museum Pass Istanbul (ca. 75 €):** muze.gov.tr
- **Istanbul Welcome Card (ab 39 €):** Diese umfasst auch den öffentl. Nahverkehr, inkl. Bosporusfahrt. istanbulwelcomecard.com
- **Istanbul E-Pass (ab 129 €):** de.istanbulepass.com
- **Istanbul Touristenpass (ab 120 €):** istanbultouristpass.com/de/istanbul-pass
- **Istanbul City Transport Card (ab 26 €):** istanbultouristpass.com/de/istanbul-public-transportation-card

GELD

Gesetzliches Zahlungsmittel ist die türkische Lira (TL/TRY). Wechseln Sie erst in der Stadt und nicht am Flughafen, dort sind die Kurse oft schlecht. Wechselkurs (Jan. 2024): 1 EUR = 32,75 TL

Bankautomaten gibt es überall. Die Banken erheben z.T. hohe Gebühren beim Abheben (6–7%, bis 10% an Flughäfen). Empfehlenswert sind eher große Banken, z.B. İş Bankası oder Ziraat Bankası.

NETZSPANNUNG

Diese beträgt 220 Volt. Adapter für Fön & Co. erübrigen sich.

NOTRUFNUMMERN

Ambulanz: 112
Feuerwehr: 110
Polizei: 155
Touristenpolizei (meist englischsprachig): Tel. +90 212 527 45 03

ÖFFENTLICHER VERKEHR

Istanbul lässt sich gut mit Bus, Straßenbahn, U-Bahn und Fähre erkunden. Die Tram ist empfehlenswert, da einige Linien beliebte Sehenswürdigkeiten miteinander verbinden, z.B. die historische T1-Linie. Eine Fahrt mit der öffentl. Bosporusfähre (sehirhatlari.com.tr), die am Anleger Boğaz Hattı in Eminönü startet, ist malerisch. Es ist sinnvoll, eine Istanbulkart zu erwerben (wiederaufladbar), die für alle Verkehrsmittel gilt. Im Bus wird oft nur die Istanbulkart akzeptiert.

ÖFFNUNGSZEITEN

Ämter und Behörden: Mo–Fr 8–12 und 13.30–17 Uhr
Banken: Mo–Fr 8–17 Uhr
Lebensmittelgeschäfte: tgl. 7–21, **sonstige Läden:** Mo–Sa, So 9–20 Uhr
Museen sind oft montags geschlossen; Sommer- und Winteröffnungszeiten können variieren.

SICHERHEIT

Kriminalität: Beachtet man gängige Vorsichtsmaßnahmen, ist man in Istanbul relativ sicher. Hilfsangebote oder Einladungen von Fremden, v. a. an touristischen Orten, sollten Sie lieber ablehnen. Falls nötig, hilft die Touristenpolizei (Notruf s. S. 185).

Erdbeben: Nur 50 km von Istanbul entfernt liegt die Nordanatolische Verwerfung, eine der gefährlichsten Erdbebenzonen weltweit. Doch gibt es im Land eine Vielzahl von Erdbebenspezialisten, und Istanbul ist auf dem neuesten Stand der Technik. Hinweise: tuerkei.diplo.de (Merkblatt zur Krisenvorsorge für Erdbeben)

TELEFON UND INTERNET

Telefon: Landesvorwahl: +90. Istanbul hat zwei Vorwahlnummern: 0212 für die europäische, 0216 für die asiatische Seite.

Mobiles Internet: Da die Türkei nicht zur EU zählt, fallen z. T. hohe Roaming-Gebühren an. Wer trotzdem mobile Daten nutzen möchte, sollte sich vor der Reise eine zweite SIM-Karte besorgen, die Datenpakete und Freiminuten zum Telefonieren umfasst, z. B. bei Ay Yıldız: ayyildiz.de.

TRINKGELD

Trinkgeld ist in der Türkei nicht standardmäßig in den Preisen enthalten. Üblich sind im Restaurant 5–10 %. Zimmermädchen, Friseuren und ähnlichen Dienstleistern sollten Sie ca. 30–35 TL (ca. 1 €) geben. Taxifahrer erhalten kein Trinkgeld.

UNTERKÜNFTE

Das Angebot an Unterkünften ist riesig. Abgesehen von den Empfehlungen in diesem Buch (ab S. 126), den üblichen Reiseanbietern und Online-Buchungsdiensten gibt auch die Istanbul Tourist Information wertvolle Tipps:

- istanbul-tourist-information.com.

ZEIT

Die Türkei unterscheidet seit 2016 nicht mehr zwischen Sommer- und Winterzeit. Differenz der Turkey Time gegenüber der MEZ: im Sommer 1 Std., im Winter 2 Std.

ZOLL

Es gelten Beschränkungen bei der Ein- und Ausreise, v. a. für teure Geschenkartikel und Genussmittel wie Tabak und Alkohol. Kultur- und Naturgüter, z. B. Antiquitäten oder Fossilien, dürfen nur mit behördlicher Genehmigung ausgeführt werden. Beim Kauf eines Teppichs brauchen Sie den Kaufbeleg. Eine Übersicht über Zollbestimmungen gibt z. B. der ADAC:

- adac.de/reise-freizeit/reiseplanung/reiseziele/tuerkei/einreise-zoll

Register

Bildnachweis

Coverfoto: Erol Sander: Farina Deutschmann Photography

Umschlagrückseite: Blick auf die Blaue Moschee vom Wasser: stock.adobe.com

Alle Fotos von Erol Sander und Rebecca Oehlmann außer: Alamy: Pictorial Press Ltd. 47; Bart Pro 63; Zoonar 80; 89; Ivan Vdovin 94; Vladimor Zuev 111; David Pearson 139 – **ARD Degeto:** Eraydin Erdogan 159 – **Getty Images:** 83, 95, 178 – **Gräfe und Unzer Verlag:** Julia Hörsch 109 – **Huber Images:** Manfred Bortoli 8.1; Stefano Politi Markovina 10; Sabine Lubenow 74 – **Imago:** Danita Delimont 93; Nathan Willock 137; 162 – **imago stock&people:** 153 – **i-stock:** 86, 101 – **Jalag:** Marion Beckhäuser 106 – **Laif/hemis:** 42; Peter Rigaud 127; Eric Martin 128 – **lookphotos:** Priska Seisenbacher 49 – **mauritius images:** Ruelleruelle/Alamy 102; Martin Siepmann/imageBroker 147; Engin Sezer 182 – **Miniature Hotel:** 133, 136 – **Seasons Agency:** 126, 132 – **Shutterstock.com:** 7.2, 7.3, 12, 25, 27, 29, 39, 45, 50, 57, 76, 88, 90, 97, 99, 124, 140, 154, 166, 171, 183 – **stock.adobe.com:** 2, 7.1, 34, 55, 58, 125, 163, 164, 172 – **The Marmara Hotels:** 181 – **Unsplash:** Linius Mimietz 66; Abdurahman Iseini 123

Dankeschön - Teşekkürler

Und nun ist es an der Zeit, Danke zu sagen. In erster Linie möchte ich mich bei meinem tollen Team bedanken, das mit mir dieses Herzensprojekt erarbeitet hat. Danke an die großartige Lektorin und Co-Autorin Rosemarie Elsner, die durch ihre ausdrucksreiche Sprache und ihr leidenschaftliches Engagement einen sehr großen Anteil an der Entstehung dieses Buches hatte. Ein großer Dank geht auch an Johannes Seiler, den Stiefvater meiner Partnerin, der einer der belesensten, historisch versiertesten Menschen ist, die ich kenne, und der dieses Buch und uns alle mit seinem Wissen und seiner Wortgewandtheit bereichert hat. Und nun möchte ich dem wichtigsten Menschen an meiner Seite, Rebecca Oehlmann, von ganzem Herzen danken. Sie hat mich nicht nur motiviert, dieses Projekt anzugehen, sondern war auch maßgeblich an der Umsetzung beteiligt. Danke, mein Schatz.

Ich bedanke mich ganz herzlich beim Gräfe & Unzer Verlag, der dieses Buch überhaupt erst möglich gemacht hat. Dort vor allem bei der Projektleiterin Caro Aimée Kania, die fantastische Arbeit geleistet hat, und Verlagsleiter Philip Laubach. Und all den »guten Geistern« dahinter, die sich um Layout, Bildredaktion oder Kartografie gekümmert haben. Auch allen Personen, die in diesem Buch vorkommen und mir ihre Geschichte(n) erzählt haben, möchte ich danken. Ihre Erfahrungen tragen sicher dazu bei, dass der Istanbul-Besuch von anderen Menschen zu einem unvergesslichen Erlebnis wird.

Danke an alle Medien, die dieses Projekt durch ihre Berichterstattung unterstützt haben, vor allem ZDF, Sat.1 und die »Bunte«. Danke an Ziegler Film, Christine Strobl, Regina Ziegler und ARD, dass ich diese großartigen Erfahrungen über viele Jahre bei der »Mordkommission Istanbul« machen und dadurch meine Geburtsstadt wirklich gut kennenlernen durfte.

Euer Erol

Impressum

POLYGLOTT

POLYGLOTT ist eine eingetragene Marke der GRÄFE UND UNZER VERLAG GmbH

ISBN 978-3-8464-1006-6

1. Auflage 2024

Autor: Erol Sander mit Rebecca Oehlmann, Rosemarie Elsner, Johannes Seiler
Redaktion und Projektmanagement: Caro Kania
Lektorat: Rosemarie Elsner
Bildredaktion: Petra Ender, Dr. Nafsika Mylona
Satz: Nadine Thiel, München
Kartografie: Gerald Konopik
Schlusskorrektur: Christiane Gsänger
Umschlaggestaltung und Layout: Favoritbuero Gbr
Herstellung: Gloria Schlayer
Repro: Medienprinzen, München
Druck und Bindung: Livonia Print, Riga

Ein Unternehmen der
GANSKE VERLAGSGRUPPE

Wichtiger Hinweis
Die Daten und Fakten für dieses Werk wurden mit äußerster Sorgfalt recherchiert und geprüft. Wir weisen jedoch darauf hin, dass diese Angaben häufig Veränderungen unterworfen sind und inhaltliche Fehler oder Auslassungen nicht völlig auszuschließen sind. Für eventuelle Fehler oder Auslassungen können Gräfe und Unzer und der Autor keinerlei Verpflichtung und Haftung übernehmen. Aus Gründen der besseren Lesbarkeit wird in diesem Buch bei Personenbezeichnungen das generische Maskulinum verwendet. Es gilt gleichermaßen für alle Geschlechter.

Ansprechpartner für den Anzeigenverkauf:
KV Kommunalverlag GmbH & Co. KG, MediaCenter München, Tel. 089/928 09 60

Bei Interesse an maßgeschneiderten B2B-Produkten:
b2b-kontakt@graefe-und-unzer.de

Leserservice
GRÄFE UND UNZER Verlag
Grillparzerstraße 12, 81675 München
www.graefe-und-unzer.de

Umwelthinweis
Nachhaltigkeit ist uns sehr wichtig. Der Rohstoff Papier ist in der Buchproduktion hierfür von entscheidender Bedeutung. Daher ist dieses Buch auf PEFC-zertifiziertem Papier gedruckt. PEFC garantiert, dass ökologische, soziale und ökonomische Aspekte in der Verarbeitungskette unabhängig überwacht werden und lückenlos nachvollziehbar sind.